中国特色高水平高职学校项目建设成果系列教材

高等职业教育教学改革特色教材 · 现代物流管理专业

U0648689

Express Operations Management

快递
运营管理

姜奕阳 主编 ◉

东北财经大学出版社　大连

Dongbei University of Finance & Economics Press

图书在版编目（CIP）数据

快递运营管理 / 姜奕阳主编 . —大连 ：东北财经大学出版社，2025.5.
—（高等职业教育教学改革特色教材·现代物流管理专业）. —ISBN 978-
7-5654-5568-1

Ⅰ . F618.1

中国国家版本馆CIP数据核字第2025BZ0795号

东北财经大学出版社出版

（大连市黑石礁尖山街217号 邮政编码 116025）

网 址：http://www.dufep.cn

读者信箱：dufep@dufe.edu.cn

大连天骄彩色印刷有限公司印刷 东北财经大学出版社发行

幅面尺寸：185mm×260mm 字数：248千字 印张：11.75
2025年5月第1版 2025年5月第1次印刷

责任编辑：张晓鹏 责任校对：刘贤恩
封面设计：原 皓 版式设计：原 皓

定价：39.00元

中国特色高水平高职学校项目建设成果系列教材
编审委员会

本书编写说明

中国特色高水平高职学校和专业建设计划（简称"双高计划"）指党中央、国务院为建设一批引领改革、支撑发展、中国特色、世界水平的高等职业学校和骨干专业（群）而实施的重大决策建设工程。哈尔滨职业技术大学（原哈尔滨职业技术学院）入选"双高计划"建设单位，学校对中国特色高水平高职学校建设项目进行顶层设计，编制了定位高端、理念领先的建设方案和任务书，并扎实地推进人才培养高地、特色专业群、高水平师资队伍与校企合作等项目建设，借鉴国际先进的教育教学理念，开发具有中国特色、国际标准的专业标准与规范，深入推动"三教改革"，组建模块化教学创新团队，推进"课程思政"实施，开展"课堂革命"，出版校企双元开发的活页式、工作手册式新形态教材。为适应智能时代先进教学手段的应用，学校加大力度进行优质在线资源的建设，丰富教材的载体，为开发以工作过程为导向的优质特色教材奠定基础。按照国务院发布的《职业院校教材管理办法》的要求，教材编写的总体思路是：依据学校"双高"建设方案中的教材建设规划、国家相关专业教学标准、专业相关职业标准及职业技能等级标准，服务学生成长成才和就业创业，以立德树人为根本任务，融入课程思政，对接相关产业发展需求，将企业应用的新技术、新工艺和新规范融入教材中。教材编写遵循技术技能人才成长规律和学生认知特点，适应相关专业人才培养模式创新和优化课程体系的需要，注重以真实生产项目、典型工作任务、生产流程及典型工作案例等为载体开发教材内容，理论与实践有机融合，满足"做中学、做中教"的需要。

本系列教材是哈尔滨职业技术大学中国特色高水平高职学校项目建设的重要成果之一，也是哈尔滨职业技术大学教材改革和教法改革成效的集中体现。教材体例新颖，具有以下特色：

第一，教材研发团队组建创新。按照学校教材建设的统一要求，遴选教学经验丰富、课程改革成效突出的专业教师担任主编，邀请相关企业作为联合建设单位，形成了一支由学校、行业、企业和教育领域高水平专业人才组成的开发团队，共同参与教材编写。

第二，教材内容整体构建创新。精准对接国家专业教学标准、职业标准、职业技能等级标准，确定教材内容体系，参照行业企业标准，有机融入新技术、新工艺、新规范，构建基于职业岗位工作需要的、体现真实工作任务与流程的内容体系。

第三，教材编写模式形式创新。与课程改革相配套，按照"工作过程系统化""项目+任务式""任务驱动式""CDIO式"四类课程改革需要设计四种教材编写模式,形成新形态的活页式或工作手册式教材编写形式。

第四,教材编写实施载体创新。依据专业教学标准和人才培养方案要求,在深入企业调研岗位工作任务和职业能力分析的基础上,按照"做中学、做中教"的编写思路,以企业典型工作任务为载体进行教学内容设计,将企业真实工作任务、真实业务流程、真实生产过程纳入教材之中,并开发与教学内容配套的教学资源,以满足教师线上线下混合式教学的需要。本套教材配套资源同时在相关平台上线,可随时下载相应资源,也可满足学生在线自主学习的需要。

第五,教材评价体系构建创新。从培养学生良好的职业道德、综合职业能力、创新创业能力等角度出发,设计并构建评价体系,注重过程考核和学生、教师、企业、行业、社会参与的多元评价;在学生技能评价上,借助社会评价组织的"1+X"考核评价标准和成绩认定结果进行学分认定,每部教材根据专业特点设计综合评价标准。为确保教材质量,哈尔滨职业技术大学组建了"中国特色高水平高职学校项目建设成果系列教材编审委员会"。教材编审委员会由职业教育专家组成,同时聘用企业技术专家指导。学校组建了专业与课程专题研究组,对教材编写持续提供培训、指导、回访等跟踪服务,有常态化质量监控机制,能够为修订完善教材提供稳定支持,确保教材的质量。

本系列教材是在国家骨干高职院校教材开发的基础上,经过几轮修改,融入课程思政内容和课堂革命理念编写而成的,既具教学积累之深厚,又具教学改革之创新,凝聚了校企合作编写团队的集体智慧。本系列教材充分展示了课程改革成果,力争为更好地推进中国特色高水平高职学校和专业建设及课程改革做出积极贡献!

哈尔滨职业技术大学
中国特色高水平高职学校项目建设成果系列教材编审委员会
2025年

前 言

　　快递业是现代流通体系的重要组成部分，是促进消费、便利生活、畅通循环、服务生产的现代化先导性产业。近年来，我国快递业飞速发展，自2014年起，年快递业务量已连续10年位居世界首位，并以飞快的速度增长。

　　党的二十大报告中明确指出，要"加快发展物联网，建设高效顺畅的流通体系，降低物流成本"。2021年12月，国家邮政局发布的《"十四五"快递业发展规划》对我国未来一段时间内快递业发展的总体要求、主要任务和保障措施进行了规划与设计。规划特别强调要构建多层次的行业人才培养体系。目前，我国快递业存在着较大的人才缺口，而高职教育作为与社会生产结合最为紧密的教育形式，承担着培养快递业专门人才的历史使命。

　　本教材基于快递网点的设立、运营管理、快件作业等具体任务流程进行内容设计，并对快递处理中心的作业管理进行了详细阐述。教材以"项目+任务"为体例，包括3个项目，分别为快递网点开发、快递网点经营管理、快递作业管理，并细分为12个典型工作任务。本教材的编写特点是：

　　1.围绕职业教育目标。以就业为导向，理论知识做到"适度、够用"，注重对学生实践能力的培养，树立双创意识，促进自主创业。本教材既可供高职现代物流管理专业与快递运营管理专业的学生学习使用，也可作为创业人员的参考用书。

　　2.体现工学结合特色。以快递网点工作过程为依据确定学习内容，以"创立快递网点、管理快递网点、优化快递作业"为主线进行一体化设计，彰显了"五个对接"的基本思想，确定的各典型工作任务实现了课程内容与岗位需要的有机统一。

　　3.凸显快递先进技术。近年来，快递业的新技术、新设备不断涌现，智能化、智慧化应用是大势所趋。本教材在任务实施环节充分体现当前先进的快递管理理念，侧重先进设备的使用。

　　4.丰富教学数字资源。为方便学生更好地学习与使用本教材，增强学习效果，我们配套制作了电子课件等数字资源，并同步录制了教学微课，如有需要可以登录东北财经大学出版社"财济书院"（www.idufep.com）进行自主学习。

　　本教材由哈尔滨职业技术大学姜奕阳任主编，哈尔滨职业技术大学何岩松任副主编；哈尔滨职业技术大学任莹、申佳玉、肖承霖，黑龙江农业工程职业学院方堃参编。其具体分工为：姜奕阳编写项目一的任务2、项目二的任务2、项目三的任务1、任务2、任务5；何岩松编写项目一的任务1；任莹编写项目二的任务1、任务3；申佳玉编写项目三的任务3；肖承霖编写项目三的任务4；方堃编写项目一的任务3；申佳玉、肖承霖共同编写项目一的任务4。任莹、申佳玉、肖承霖完成了配套电子课件的制作，肖承霖同时负责附录的整理。姜奕阳负责全书的框架设计与最后统稿。

此外，多个快递企业为本教材的编写提供了丰富的案例参考，在此一并表示衷心的感谢。

快递业的发展日新月异，对快递管理及作业的理论研究与应用实践还在不断地探索与创新中，加之编者经验与水平有限，教材中难免存在疏漏，敬请各位读者批评指正。

编　者

2025年2月于哈尔滨

目 录

项目一

快递网点开发

■ 项目导入

陈佳从某高校的物流管理专业毕业后，认识到了快递业良好的发展前景，准备自主创业，加盟一个快递品牌，成立快递网点。但是，近年来，市场上出现了许多快递公司，陈佳对它们并不十分了解。如何选择快递品牌，加盟快递公司应该如何去做，怎样进行网点的选址等，这些都是陈佳需要解决的问题。

■ 学习目标

知识目标：

1.能够列举快递服务不同的分类结果；

2.能够阐述快递网络的构成与快递作业的基本流程；

3.能够区分直营模式与加盟模式；

4.能够阐述利用关键因素评分法进行网点选址的原理；

5.能够识别快递网点的主要功能分区；

6.能够列举快递网点常用的各类设施设备。

能力目标：

1.能够通过对快递市场与快递企业的调研分析快递业发展现状与发展趋势；

2.能够通过拟定加盟合同实施快递网点加盟作业；

3.能够进行选址规划及内部布局来推动网点的开发与建设；

4.能够分析网点需求，选择适合的网点设施与设备。

素养目标：

1.具备自主创建快递网点的创新意识与拼搏精神；

2.具备认真调研快递市场、实事求是的工作态度；

3.具备信守承诺的良好品质；

4.具备严格按规范操作快递设施与设备的规则意识与安全意识；

5.遵守快递从业人员的职业道德准则和职业规范。

任务1 快递市场调研

【任务解析】

通过网上查阅资料、登录公司官网、进行实地走访等方式,了解常见的快递品牌,并进行比较与分析,使学生了解快递,熟悉快递的特点与分类,掌握快递作业的基本流程和快递网络的基本构成,能够撰写调研分析报告,为网点加盟工作奠定基础,并养成实事求是、严谨认真的工作态度。

【知识链接】

快递,顾名思义,就是将物品快速递送到目的地的活动。当前,随着电子商务的普及,交通运输日益便利,网上购物已成为消费者购物的重要方式,推动了快递业迅猛发展。虽然现代快递业在20世纪60年代末才真正形成,但是,无论是我国还是国外,物品与文件信息等的传递活动都有着较为悠久的历史。

一、认识快递

(一)快递的定义

微课 1-1

认识快递

快递也称速递,是指快速收寄、运输、投递单独封装的、有名址的快件或其他不需要储存的物品,按承诺时限递送到收件人或指定地点,并获得签收的寄递服务(《中华人民共和国邮政行业标准——快递服务》YZ/T0128-2007)。我国明确快递属于邮政业,其主管机关为国家邮政局。

我国自夏商时期就已出现了快递活动,当时形成的"驲传"制度就是快递业的雏形。但是彼时"快递"物品仅限于政令、军报等公务性文件,民间并未得到应用,传递活动也缺乏有效的监管。西周时期,统治阶层开始重视与发展"快递"业务,为此专门设置了相关的官职"行夫",在物品传递沿途建设了"委""馆""市"等机构,供传递人员休息,换乘车辆、马匹等,并建立了相关制度。

随着"快递"在国家经济生活中的作用愈加明显,我国各个历史时期与朝代都十分重视快递活动,快递业也延伸到民间商品流通和私人物品运送等领域,快递的种类越来越丰富,快递的方式也从最早的人力步行扩展到马匹、邮车及水路运输等,快递的效率不断提升,快递监管进一步规范。魏晋时期的陈群等人撰写了中国历史上的第一部邮政法规《邮驿令》,对传递活动进行了更加严格的监管,规定了运送的时限,保证了快递物品的安全性,也不断完善快递物品的保密措施。同时,"馆驿""水驿"等快递中转接运机构及从业人员的数量不断攀升(不同朝代对驿站类中转机构的称呼不同,如春秋时期称为"邮""置"或"遽",宋代称为"递铺",清代称"邮驿"),形成了比较完善的快递网络和制度体系。随着快递业的蓬勃发展,也流传下来许多有关快递的诗句,最为著名的就是唐代诗人杜牧的《过华清宫绝句三首·其一》："长安回望绣成堆，山顶千门次第开。一骑红尘妃子笑，无人知是荔枝来。"其生动描述了为杨贵妃运送荔枝的场景，这说明唐代已开始通过快递运送应季水果。至明朝时期，随着国际贸易的发展，又出现了海外快递，中国的茶叶、丝绸、瓷器等远销海外，也引进了今天我们常见的南瓜、玉米、番茄、烟草等，冷船等运载工具与冷藏技术开始应用于果蔬、生鲜类物品的快递运输中，还出现了邮局的雏形——信局。

知识卡片1-1　　　　　　　　　　现代快递的出现

1969年3月的一天，一位名叫阿德里安·达尔西（Adrian Dalsey）的美国青年到加利福尼亚的一家航运公司看望朋友时，听一位管理人员讲，一艘德国商船正停泊在夏威夷等待加利福尼亚签发的提单。如果通过正常的邮政途径，需要一个星期提单才能到达夏威夷。达尔西提出他愿意乘飞机将文件送到目的港，公司管理人员通过比较发现，此举可以节约昂贵的港口使用费和船舶滞期费用，于是便同意他充当一次特殊信使，将文件交给了他。达尔西乘飞机专程来到夏威夷，亲手将文件交给了收货人。收货人迅速办理了卸货手续，使货船顺利交货返航。这一举动减少了该航运公司在港口的各项费用，也得到了收货人的赞赏。达尔西有了这次经验后，便与几位志同道合的朋友一起创立了世界上第一家快递公司——敦豪公司（DHL公司），总部设在旧金山，专门从事银行票据、航运文件、单证等的传递业务，后来又将业务扩展到货物样品等小包裹运送领域。由于这种运送方式可以快捷、准确、可靠地将文件和货物送到收货（件）人手中，所以，快递业从一出现就受到从事跨国经营的贸易、金融、运输各界人士的热烈欢迎。

资料来源　作者根据网络相关资料整理.

想一想：达尔西第一次完成快递服务的背景是怎样的？它有哪些优势和特点？

（二）快递的特点

1.快递过程的时效性

时效性是快递服务最显著、最核心的特点，在快递的定义中明确提出了"按承诺时限递送"，这体现了快递物品流动的速度，可以满足客户对时间的要求。快递业中还特别规定了"彻底延误时限"，如果达到彻底延误时限的标准，则视为快递物品丢失，客户可以进行索赔。所以，时效性也体现了快递服务的质量和价值。

2.快递物品的特定性

快递服务的对象是快件。所谓快件，指快递服务主体依法收寄并封装完好的信件和包裹等寄递物品的统称。而顾客寄递的信息载体和物品称为内件。在快递作业中，无论是对整个快件还是其中的内件，都有着特定的要求。

（1）内件种类的特定性。内件分两大类：一类是文件，主要包括各种商务信函、银行票据、报关单据、合同标书等；另一类是包裹，主要包括一般消费品、礼品、电子商务所形成的商品、企业产品、样品、零配件等。同时，《中华人民共和国邮政法》（以下简称《邮政法》）等法律、法规也对禁寄、限寄的物品种类做出了详尽的规定，不符合要求的物品不得进行快递作业。

（2）快件包装的特定性。快递作业是对封装物品的递送，封装成一个特定包装的物品，就是一"件"。快递都以"件"为单位进行作业与计费。在快递作业中，一"件"的包装只能是封套（专门用于信件、票据类物品）、包装袋或包装箱三种形式，不能出现其他材质的包装。《邮政法》中也明确规定，"不得将信件打包后作为包裹寄递"。此外，在快件的包装上，必须按规定粘贴运单，规范标注寄件人与收件人的名址，明确寄件人与收件人的姓名、地址等信息。可以说，名址信息是完成快递作业的基础。

（3）快件规格的特定性。快递作业中有对快件重量、尺寸等的限制。快件多以生活消费品、信件与印刷品、电子商务形成的小包装商品为主，很少有大尺寸、大重量的包裹出现。快件的单件重量不宜超过50千克；快件的单件包装规格任何一边的长度不宜超过150厘米，长、宽、高三边长度之和不宜超过300厘米。

3. 快递服务的便捷性

快递属于服务业，一切以满足客户的需要为出发点：一方面，快递员要在承诺的时间送达物品，也可以按客户指定的时间送达；另一方面，要做到"门到门、桌对桌、手递手"的递送，最大程度地方便客户。

4. 快递组织的网络性

快递服务虽然时效性强，但其过程却要经历多个环节与流程，需要多地区、多人、多运输工具的共同参与。因此，各个流程、各个环节必须上下衔接、协作配合，才能完成整个过程。可以说，快递作业依托完善的网络组织，各节点要配置科学，合理分工（古时候的快递驿站就是这样）。此外，还要建立健全信息网络，实现寄递过程的统一调度和全程监控与跟踪。我们在网上购物后，可以实时查看物流信息，就是基于强大的快递信息网络和各个节点的信息采集与上传。

知识卡片1-2　　　　　　　　　　　　了解中国邮政速递

中国邮政速递物流股份有限公司（以下简称中国邮政速递物流）是经国务院批准，由中国邮政集团公司作为主要发起人，于2010年6月发起设立的股份制公司，是中国经营历史最悠久、网络覆盖范围最广的快递物流综合服务提供商。

中国邮政速递物流在国内31个省（自治区、直辖市）设立了分支机构，并拥有中国邮政航空有限责任公司、中邮物流有限责任公司等子公司。截至2020年年底，公司注册资本250亿元人民币，员工近16万人，业务范围遍及31个省（自治区、直辖市）的所有市县乡（镇），通达包括港、澳、台地区在内的全球200余个国家和地区，自营营业网点近9 000个。

中国邮政速递物流主要经营国内速递、国际速递、合同物流等业务。国内、国际速递服务涵盖卓越、标准和经济不同时限水平及代收货款等增值服务，合同物流涵盖仓储、运输等供应链全过程。其拥有享誉全球的"EMS"特快专递品牌和国内知名的"CNPL"物流品牌。截至2020年年底,邮政快递业拥有各类营业网点34.9万处,邮路总长度(单程)达1 187.4万公里。邮政普遍服务均等化基本实现,建制村全部实现直接通邮。

资料来源　作者根据中国邮政速递物流官网整理而成.

想一想:每年高考后,金榜题名的学生收到的录取通知书,是由哪家企业送达到家的?

二、快递的分类

(一)按照寄达的范围分类

1.同城快递

同城快递指从收寄到投递的全过程均发生在中华人民共和国境内同一地市级以上城市的快递服务。如鲜花、生鲜的同城配送,突发情况下的物品紧急取送等都属于同城快递。除了与顾客有特殊约定外(如偏远地区),同城快递服务时限不超过24小时。其中,服务时限是指快递服务主体从收寄开始,到第一次投递的时间间隔。同城快递成本低,取件与送件及时,灵活性大,市场前景广阔。

微课1-2

快递的分类

2.省内异地快递

省内异地快递指寄件地和收件地分别在中华人民共和国境内同一省、自治区中不同城市(地区、自治州、盟)的快递服务。

3.省际快递

省际快递指寄件地和收件地分别在中华人民共和国境内不同省、自治区、直辖市的快递服务。

依托我国的行政区划,各快递公司一般会将本企业的快递网络划分为若干大的区域,每个区域都以一个重点城市为中心,辐射周边的若干省市,如以北京为中心的华北区、以上海为中心的华东区、以广州为中心的华南区等,来保证省际的快递时效。

除有特殊约定外,省内异地快递和省际快递服务时限不超过72小时。

4.港澳台快递

港澳台快递指由中华人民共和国内地(大陆)寄往香港特别行政区、澳门特别行政区、台湾地区,以及由香港特别行政区、澳门特别行政区、台湾地区寄往中华人民共和国内地(大陆)的快递服务。

以上均属于国内快递,而国际快递是指寄件地和收件地分别在中华人民共和国境内和其他国家或地区的快递服务,以及其他国家或地区间互寄但通过中华人民共和国境内经转的快递服务。

（二）按照快递企业所有制形式分类

（1）外资快递企业：主要包括联邦快递（FedEx）、联合包裹（UPS）、敦豪集团（DHL）、TNT集团（TNT）等国外企业经营的快递业务。各大外资快递企业20世纪80年代陆续进入中国市场后，其业务主要围绕国际快件展开，国内快递市场所占份额较小。

知识卡片1-3　　　　　　　　　　　　国际著名快递公司

20世纪80年代，四大外资快递品牌陆续进入我国，现主要从事国际快递业务。表1-1是各快递品牌的发展状况。

表1-1　　　　　　　　国内主要外资快递企业的发展历程

快递企业	企业简介	在中国的发展历程
FedEx（联邦快递）	总部（全球范围）：美国田纳西州孟菲斯 创立时间：1971年，1984年进入中国市场 服务范围：220个国家及地区 员工数量：全球约21.5万名员工 运输能力：约330万个包裹/日 机队：654架飞机 作业车辆：44 000辆中转车	于1984年进入中国；1999年，联邦快递与天津大田集团在北京成立合资企业大田-联邦快递有限公司；亚太转运中心于2008年10月投入运营。联邦快递是第一个在中国设立洲际转运中心的跨国货运巨头，它给中国带来了1.5亿美元投资、每年60万吨货运量。自2008年12月开始，转运中心承担了原本设在菲律宾的亚太区转运中心的业务。联邦快递一年就能为白云机场新增60万吨以上的货物吞吐量，以后将增加到80万～100万吨。2012年9月6日，国家邮政局官方网站公布，批准联邦快递（中国）有限公司（简称联邦快递）和优比速包裹运送（广东）有限公司（简称联合包裹/UPS）经营国内快递业务。2024年10月22日，联邦快递宣布将其位于浦东国际机场的联邦快递上海国际快件和货运中心升级为洲际转运中心。2024年11月11日，联邦快递宣布加密青岛至美国的国际货运航线班次，并正式启用青岛国际口岸操作中心
DHL（敦豪）	创立地点：DHL（敦豪航空货运公司）是一家创立于美国，目前为德国邮政（集团）公司所有并运营的速递货运公司 创立时间：1969年，1986年进入中国市场 覆盖范围：220个国家和地区 员工数量：超过285 000人 运输能力：15亿件/年 机队：420架飞机 作业车辆：76 200辆	1986年，由敦豪国际（DHL）与中国对外贸易运输（集团）总公司各注资50%在北京正式成立中外运-敦豪国际航空快件有限公司；DHL是中国成立最早、经验最丰富的国际航空快递公司。目前，DHL已在中国建立了最大的合资快递服务网络，拥有82家分公司，有超过7 100名高素质员工，服务遍及全国401个主要城市

续表

快递企业	企业简介	在中国的发展历程
UPS（联合包裹）	创立时间：1907年创立于美国，1988年进入中国市场 覆盖范围：220多个国家和地区 员工数量：53.4万人 运输能力：2 190万个/日 机队：250架自营飞机和290多架租赁飞机 作业车辆：12.3万多辆	1988年与中外运合作，开展国际快递业务；1996年6月与中外运北京空运公司合资，成立中外运北空-UPS国际快递有限公司；1998年更名为中外运-联合包裹国际快递有限公司；2004—2010年期间，UPS着重于基础设施建设和运营网络部署，在中国广泛增建操作中心，建立了与世界接轨的海陆空等不同规模的信息和交通运输网络，分别于2008年和2010年在上海和深圳建立了UPS上海国际转运中心和UPS深圳亚太转运中心。 2021年，UPS扩大了中国大陆地区的服务网络覆盖范围，在10个主要地区（陕西、宁夏、甘肃、青海、内蒙古、新疆、河南、河北、山西和重庆）新增网点，缩短转运时间最多2天。 在中国，UPS的服务范围覆盖330多个商业中心和主要城市，每周连接中国和美国、欧洲以及亚洲其他国家和地区的航班近200个班次
TNT（天地集团）	创立时间：1946年创立于荷兰 覆盖范围：200多个国家和地区 员工数量：40 000余人 运输能力：440万个/周 机队：40架飞机 作业车辆：20 000余辆	TNT大中国区涵盖中国大陆、中国香港地区和中国台湾地区；在大中国区，TNT拥有约15 000名专业员工。 成立于1988年的TNT中国大陆国际快递公司为客户提供最可靠高效的递送服务。在中国大陆，TNT拥有26家直属运营机构以及3个全功能国际口岸，服务覆盖中国500多个城市。 2007年3月14日，TNT完成对华宇集团的收购。此次收购是TNT发展历程中的一个里程碑。它使TNT在中国大陆的营业网点提高到1 200个。 成立于1995年的华宇集团是中国著名的公路零担货运公司。它为超过16万个客户提供货物和包裹运输服务，目前在中国拥有56家子公司、1 200个营业网点及3 000辆运输车。服务覆盖中国所有主要大中城市。华宇目前拥有员工12 000余名。它是中国运输产业最高级企业认证类别——"5A"级运输企业

资料来源　作者根据相关资料整理而成.

想一想：几大外资快递公司为什么将主要业务确定在国际快递上，这基于哪些考虑？

（2）国有快递企业：主要指中国邮政EMS、中铁快运等由国家出资并经营的快递企业。国有快递企业的服务与价格实行标准化，服务网络覆盖广泛。

（3）国内民营快递企业：主要包括顺丰、京东、申通、中通、圆通、韵达等民营企业。民营快递时效性强，能够提供个性化服务，是快递业的重要力量，占据了我国快递市场的大部分份额。

（三）按照快件出现异常时的赔偿责任分类

（1）保价快件：指客户在寄递快件时，除正常交纳运费外，还按照声明价值的费率交纳保价费用的快件。如果保价快件在传递的过程中出现遗失、损坏、短少、延期等问题，客户可向快递企业提出索赔诉求，快递企业需承担相应的赔偿责任。保价快件要使用专门的运单，运单上要标明保价金额。

（2）保险快件：指客户在寄递快件时，除正常交纳运费外，还按照快递企业指定的保险公司规定的保险费率交纳保险费的快件。如果保险快件在传递的过程中出现遗失、损坏、短少、延期等问题，客户有权向相应的保险公司提出索赔要求。

（3）普通快件：指交纳快件运费时，不对快件的实际价值进行保价并交纳保价费的快件。依据《邮政法》等的相关规定，对于没有保价的普通包裹类快件，按照实际损失的价值进行赔偿，但最高赔偿额不超过本次邮寄费的5倍。快递企业对普通包裹类快件的赔偿一般是参照这一规定执行的。

快件异常是指快件在寄递过程中非客户过失造成的延误、丢失、损坏和内件不符等情况。

（四）按照快递的送达时间分类

（1）当日达：在快件寄递当天（即第一个工作日）便完成物品的送达交付任务。

（2）次晨达：在快件寄递的第二个工作日中午12时前完成送达交付任务。

（3）次日达：在快件寄递的第二个工作日18时前完成送达交付任务。

（4）隔日达：在快件寄递的第三个工作日中午12时前完成送达交付任务。

（5）定日达：在快件投递后，按照客户指定时间完成送达交付任务。

（五）按照内件性质分类

（1）信件类快件：以套封形式缄封的，内件是按照名址递送给特定个人或单位的纸质信息载体，如信件、文件等，但不包括书籍、报纸、期刊。

（2）物品类快件：用快递封装用品封装的，内件是按照名址递送给特定个人或者单位的商品等的快件。

（六）按照付费方式分类

（1）到付快件：是指由寄件人和收件人商定，由收件人在收到快件时支付快递资费的快件，即"货到付款"。

（2）预付快件：由寄件人支付快递费用的快件，这类快件是各快递企业的主要业务。

（3）第三方付费快件：指由寄件人、收件人和快递企业商定，在收件人收到快递时，由寄件人和收件人之外的第三方支付快递资费的一种快件。这种快件的付费人和收件人通常是母公司与子公司的关系。

（七）按照结算方式分类

（1）现结快件：是指在快件收寄或派送现场向寄件人或收件人以现金、支票或其他方式收取资费的一种快件。

（2）记账快件：指快递公司与客户签订协议，由客户在约定的付款时间或周期内向快递公司拨付快递资费的一种快件。电商客户通常采用此种方式。

（八）按照快递的运输方式分类

（1）航空快递：是指航空快递企业通过航空运输，收取发件人的快件，按照承诺的时间将其送交指定地点或者收件人，并将运送过程的全部情况包括即时信息提供给有关人员查询的门对门速递服务。航空快递在很多方面与传统的航空货运、邮政运送业务有相似之处，但作为一项专门的业务，它又有独到之处。航空快递与航空货运及邮政运送的比较见表1-2。

表1-2　　　　　　　　航空快递与航空货运及邮政运送的比较

比较项目	比较结果
收件范围不同	航空快递的收件范围主要有文件和包裹两大类。其中，文件主要是指商业文件和各种印刷品。对于包裹，一般要求毛重不超过32千克（含32千克）或外包装单边不超过102厘米，三边相加不超过175厘米
经营者不同	经营国际航空快递的大多为跨国公司，这些公司以独资或合资的形式将业务深入世界各地，建立起全球网络。航空快件的传送基本上都是在跨国公司内部完成。而国际邮政业务则通过万国邮政联盟的形式在世界上大多数国家的邮政机构之间进行，邮件通过两个以国家邮政部门的合作完成传递
经营者内部组织形式不同	邮政运输的传统操作理论是接力式传递。航空快递公司则大多采用中心分拨理论或转盘分拨理论组织起全球的网络。快递公司根据自己的实际情况在中心地区设立分拨中心（Hub）
使用单据不同	航空货运使用的是航空运单，邮政使用的是包裹单。航空快递业也有自己独特的运输单据——交付凭证（Proof of Delivery，POD）

（2）铁路快递：是指中国铁路小件货物特快专递运输，英文全称"CHINA RAILWAY EXPRESS"，英文缩写为"CRE"。国内网络已遍及全国100多个大中城市，形成连锁服务网络，但相对于航空运输与公路运输，铁路快递运输的市场还需不断开发。

（3）公路快递：利用各种机动车及非机动车（如人力三轮车）等公路交通运输工具完成快件运输服务，目前是最重要、运输量最大的快递运输方式。

（4）水路快递：即用水路相对最快的方式从事快件运输，在客户指定时间内将货物安全送达目的地。目前，我国还没有专业的海上快运公司，国内的海运快递市场，还停留在特种运输的层面上，其时效性较低，费用较普通海运要贵，市场需求较少，因此还需进一步开发。

上面只是简述了几种主要的快递分类方式，其实快递的分类方式是多种多样的，也可以在现有的分类结果上继续细分。例如，按增值业务划分，可分为代收货款、签单返还、限时快递、专差快件等；按寄达范围还可细分为省际快递、省内异地快递。

三、快递网络的构成

微课1-3

快递网络的
构成

快递网络是指快件收寄、分拣、封发、运输、快递、查询等所依托的实体网络和信息网络的总称。一般情况下，快递网络均指前者，各快递公司会开发与建设自己公司所特有的信息传输网络，不一而同。在这里，我们主要介绍快递实体网络。

（一）快递实体网络的定义

快递实体网络是由若干个呼叫中心、面向客户的快递业务网点、负责快件集散的处理中心以及连接这些网点的网路，按照一定的原则和方法组织起来，在控制系统的作用下，遵循一定的运行规则来传递快件的网络系统。如果用网络图来表示，各呼叫中心、服务网点、处理中心等是网络图中的节点，而各条运输线路就是网络图中的线，也称网路。快递实体网络是快递企业完成快递作业的物质基础。

（二）快递实体网络的构成

1.呼叫中心

呼叫中心也称客户服务中心，是指快递服务主体利用现代通信与计算机技术，主要处理快件寄递过程中的各种电话呼入和呼出业务的运营操作场所。呼叫中心是快递企业普遍使用的旨在提高工作效率的应用系统。它主要通过电话、网络系统受理客户委托，帮助客户查询快件信息，回答客户的咨询，受理客户的投诉等。

2.面向客户服务的业务网点

此类网点也称为站点、营业厅等，是快递网络的末端节点，直接面向服务客户。每一个网点都有确定的业务区域与范围，负责此区域内所有客户的收件、派件等工作；同时，在规定的时间段将收取来的快件交接给处理中心至网点的运输车辆，并接收处理中心转来的由本网点负责派送的快件。按照所负责区域的大小和平均收发快递的数量，网点也可分为不同的等级，如一级网点、二级网点等。一级网点负责若干二级网点的业务管辖，一级网点接到处理中心转来派送的快件后，一部分由本网点的快递员进行派送，一部分按负责区域分配给各二级网点进行派送。

3.面向快件集散的作业网点

面向快件集散的作业网点也称为处理中心、分拨中心、集散中心、中转站等，是快递网络中的重要节点，主要负责进出港快件的分拣、封发、中转等工作。

每一个处理中心辐射若干服务网点，负责区域内所有网点的快件集散作业。一方面，处理中心将辖区内所有网点收取的快件（出港件）集中到一起，按到达目的地不同进行分拣，然后通过各种运输工具将快件运送到目的地或中转地的处理中心；另一方面，将其他各地发往本地的快件（进港件），在本场内按目的地网点进行分拣，再安排班车送往各网点，由网点完成最终的投递任务。处理中心每天的分拣量较大，对分拣速度和准确率要求高，因此，分拣作业多依靠信息化与网络化技术，采用半机械化或自动化的方式完成，但也会保留极小的人工分拣作业区域，以方便某些异常快件的处理（如图1-1所示）。

图1-1　快递处理中心的自动分拣线

各快递公司根据本公司在各地的业务情况和发展战略，分别设置不同级别的处理中心。首先是全国性的处理中心，主要负责全国各大区域（如华北、华中、华南、华东、东北、西北、西南等）或省际间的快件集散任务，一般建于全国交通枢纽城市，如北京、上海等。其次是区域内或省内中心，主要负责省内各地市的快件集散任务，基本建在省会城市。最后是市内中心，主要承担本市快件集散任务。在本公司的快递网络中，大区或省际中心对其他大区或省际中心及其所辖范围内的下级中心建立直封关系。区域或省内中心对其他大区或省际中心、本大区内的其他区域或省内中心及其所辖的下级中心建立直封关系。这里的直封关系，是指处理中心按快件的寄达地点形成总包，把快件直接封发给到达城市处理中心的一种分拣方式。

4.网路

网路是连接各处理中心之间以及各处理中心与区域内各服务网点之间的运输线路。其中，连接各处理中心之间的网路为一级网路，一般是飞机的航线或者铁路与公路的干线。连接处理中心与各网点之间的网路是二级网路，由于二级网路快件量较少，一般采用小型厢式货车或面包车等来完成快件的传送（如图1-2所示）。

（三）快递信息传输网络概述

1.快递信息传输网络的定义

在快件传递作业与管理过程中，始终伴随着信息的传输，这些信息包括快件总包信息、总包路由信息、单个快件的运单信息、快件到达每个网点时产生的物流信息，以及公司总部对整个快递网络的实时监控、跟踪与调度信息等，能够搜集与传递这些信息的网络称为快递信息传输网络。

2.快递信息传输网络的构成

快递信息传输网络由物理系统和软件部分组成。物理系统包括信息的采集和处理设备、信息传递设备以及信息交换、控制、存储设备等。软件部分主要指操作系统、数据库和网络管理系统等。

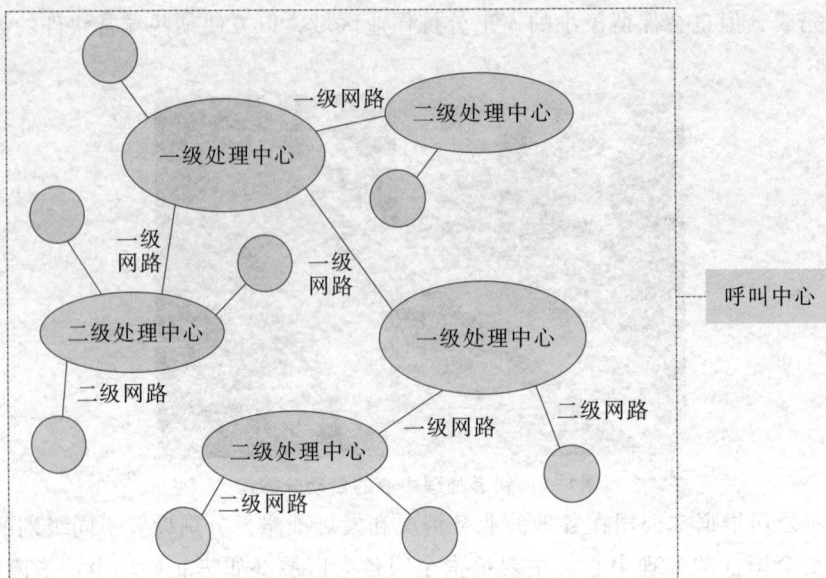

图1-2　快递网络示意图

3.快递信息传输网络的功能

（1）实现对快件、总包等信息的实时跟踪与传递。

（2）便于为客户提供快件的查询服务。

（3）提高企业的工作效率和管理质量，规范快递作业。

（4）实现企业信息的充分利用与共享，提高信息化管理水平。

四、快递作业基本流程

快递作业流程是指在快件的整个传递过程中逐渐形成的一整套相对固定的业务运行与操作顺序。由于快件的整个传递过程需要多个环节，完成多项作业，因此，各快递公司的作业流程各有特点，自成体系，但总体来讲，基本上都包括快件收寄、快件处理、快件运输、快件派送等几大环节（如图1-3所示）。

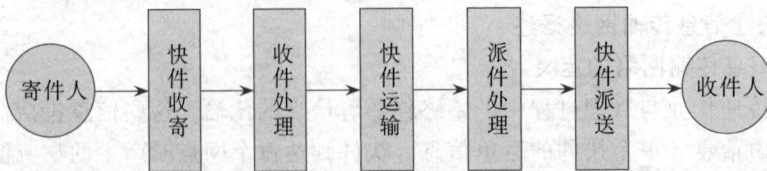

图1-3　快递作业基本流程

微课1-4

快递作业的
基本流程

（一）快件收寄

快递服务基于客户产生的寄递需求，按照收取快件方式的不同，可分为网点收取和快递员上门取件。网点收取是指客户自行携带快件到附近快递网点办理相关业务；上门取件是指客户通过电话、网络或之前订立的服务合同将寄件需求告知快递公司，快递公司的客服人员会及时将此信息传达给负责该客户所在区域的快递员。当然，客户也可以直接联系快递员，快递员按照约定好的时间上门取件。在网点收取和快递员收（取）件时，要核对客户身份，检查货物是否在可寄递范围内，如为禁寄物品，网点或快递员要拒收，并视物品类型，决定是否需要上报并按规定进行处置。如为限寄物品，要保证物品规格、重量、尺寸、体积等在允许范围内；如为可寄递物品，要协助客户正确包装、称重与计费，填写运单，收取运费等，完成这些工作后快递员要及时将快件交回网点，以便正常进行中转作业。上门取件时，快递员还应携带必需的包装耗材、计重工具和便携式条码打印机等。

快件收寄环节是快递服务的开始，是网点人员或快递员代表公司与客户的直接交流。因此，无论是网点人员还是快递员，都要充分重视收寄环节并提供好服务，提升客户对本快递公司的好感与信任度。一是网点人员与快递员要有良好的精神风貌和服务态度，衣着、仪表、举止大方得体；二是要做到业务熟练、规范，如解答客户咨询、进行货物包装、计费时快速、准确，展现出良好的职业素养。

随着网络技术的发展，各快递公司均开发了快递 App，客户可以直接在手机上下单，快递员在客户确定的时间上门取件。近年来，随着带有自动收件功能的快递柜陆续投入使用，也可由客户按要求进行自助寄递。

（二）快件处理

快件处理是快递作业流程中贯通上下环节的枢纽，在整个快件传递过程中具有重要的作用。在发件处理中，包括快件的初分与封发两个主要环节，操作员对在网点收取的快件和快递员上门取来的快件进行再次检查，包括运单信息填写是否准确、运单粘贴是否牢固、包装是否符合要求等；然后利用巴枪对快件进行扫描，在系统中上传和预报快件的基本信息，而后对快件进行初分，可按快件的传递方式（陆路件、航空件）和流向（省际间、省内件、同城件等）进行初分；最后对分好的快件进行集装与封扎（便于后续装车作业），等待与处理中心的车辆进行交接，运送至处理中心。

在快件送达目的地处理中心后，还要进行快件处理作业，此部分操作过程及实现的功能与发件处理相近，将在后续相关任务中进行具体介绍。

（三）快件运输

快件运输包括收件网点到处理中心的支线运输及出发地到目的地处理中心之间的干线运输。快递班车将区域内各网点的快件送到处理中心，然后按照一定的规则进行分拣处理，去往同一目的地的快件进行集装，形成总包，经过扫描、装车、干线运输等环节运送到目的地的处理中心，经过卸车、拆包作业后，再按照快件去往不同的具体区域，进行分拣、扫描、打包和装车，最后被送往末端网点。

快件运输涉及多次的交接与分拣作业，也是体现快递企业服务水平与技术含量的核心环节。其包括网点和处理中心的交接、运输，出发地与到达地之间的运输，处理中心与网点的运输和交接等，易出现各种错误作业和快件破损问题。在运输环节，一是要保证分拣与运输作业的时效性，保证按时完成作业任务；二是要提高分拣与运输作业的能力和规范化作业程度，减少各种问题件的出现。

（四）快件派送

快件派送是当快件送达网点后，通过再次扫描，根据投递区域确定快递员，由快递员根据运单上的派件要求，在规定的时效内送给收件客户，并经客户验收，获得签字确认的作业过程。在快递实务中，快件也可由客户指定的第三人接收，或暂存在收件人的指定地点（如快递驿站或快递柜），派件后，要将完成信息及时上传至网络以供公司进行统计。

微课1-5

快递与物流
的区别

快件派送是快递服务的最后一个环节，与快件收寄一样，快递员要在与客户交流的过程中建立起良好的关系。在派送中要做到及时、准确，通过优化派件路线、核对收件人身份信息、提示进行收件检验等，保证派件环节圆满完成。

知识卡片1-4　　　　　　　你的快递是怎样来到你手中的

可能在很多人看来，一个快件抵达手中的流程只有三步：下单、发货、配送。但鲜有人知的是，当你提交完订单，一个快件送到你的手中其实要经过一个复杂的流程：客户下单，商家接单，商家生成运单，进行单据管理、财务管理，拣货后包装。

以天猫超市为例，你的订单提交之后，系统会根据你购买的物品自动选择合适的包装箱。每个箱子上都会有代表自己身份的条形码，然后拣货员就会带着你的箱子在偌大的仓库里为你拣货。

仓库里的货架布置经过了大数据的优化，拣货员的拣货车装卸的也是经过计算之后匹配的订单箱，这让拣货员能够一条路就拣完多个订单的货。

除了货架的摆放优化外，还有AR拣货设备自动提示商品的位置，也有拣货机器人推动拣货车去相应货架拣货。这些措施都是为了缩短拣货的时间，让快递更快地送到你的手上。

当快递员从卖家处揽件之后，我们的快递就开始被送往快递公司仓库，紧接着运往物流分拨中心进行快递分拣。

以往都是机器辅助人工，快递公司工作人员的工作量是很大的，就很有可能会出现暴力分拣的情况。为此，我国几家快递公司研发了新的分拣方法，那就是智能化，"小黄人"分拣设备来了！单个"小黄人"全天能分拣18万件快递，节约了70%的人工，同时依靠地面二维码自动选择分拣地，实现了"充电五分钟，工作五小时"！

接下来是运输快件，经历重重分拣，我们的快递就要"出发"了！网上曾经流传一句话："我们的快递坐过火车，坐过飞机！而我什么都没坐过。"而今，快递搭乘高铁也不算什么新奇事了。2018年"双11"期间，北京至长沙间的复兴号高铁开设了快递专用车厢，这也是国内最快的陆路快递方式。铁路部门还将继续提供"双11"电商黄金周运输服务，利用高铁列车、行李车等铁路快捷运力资源，面向电商平台商铺、电商企业、快递企业及向"双11"供货的有关企业，提供铁路干线运输及"库到库"全程物流服务。

接着是快件到达分拨中心。

　　这一次，我们的快递是真的要来了。快件到达分拨中心后，经过分拨就会再次踏上征程，到达收件人所在地的集散中心，之后就会整装待发，一步步向我们靠近。

　　最后由快递员派件，我们签单收货。

　　想一想：请调研一家快递企业，详细了解它的快递作业流程。

　　上述几个基本作业流程还可细分为若干个操作环节，可设计看板如图1-4所示。

始发站	始发集散	目的集散	目的站
接收取件指令	接收预报订舱	接收预报	接收预报
调度	提货	提货	进站
取件	交接	交接	分拣
交接	分拣	分拣	交接
分拣	集货	集货	装车
装车	装车	装车	派送
出站	交运	交运	派送信息扫描
发出预报运单录入	发出预报	发出预报	

图1-4　快递作业具体环节示意图

任务实施1-1

　　（1）选择当地部分快递企业和物流企业分别进行调研，总结快递与物流间的区别，填写表1-3，区别项目可以根据调研结果适当增减。

表1-3　　　　　　　　　　　　　　快递与物流的区别

区别项目	快递	物流
服务对象		
速度与时效		
服务形式		
货物规格		

区别项目	快递	物流
费用		
封装要求		
内件性质		
主管部门		

（2）选择部分民营快递企业和中国邮政 EMS 进行调研，分析民营快递与 EMS 主要有哪些不同，填写表 1-4，区别项目可以根据调研结果适当增减。

表 1-4　　　　　　　　　　民营快递与中国邮政的区别

	民营快递	中国邮政
性质		
企业运行		
国家政策		
网点覆盖		
经营范围		
定价机制		

（3）通过实地走访、网上调研等方式，了解我国几个主要快递企业网络基础设施建设的基本情况，填写表 1-5。

表 1-5　　　　　　　　我国快递代表性企业网络基础设施建设情况

快递公司	快递网络基础设施建设情况

（4）利用网络对我国快递市场的总体发展情况进行调研，搜集近几年快递业发展的有关数据，如快递业务量和业务收入增长情况、区域分布等，并对调研结果进行分析总结。

任务实施1-1

参考答案

任务2　快递网点加盟

【任务解析】

通过网络查询相关信息或实地调研不同品牌快递网点的方式，学生了解不同所有制形式的加盟模式，掌握快递网点的加盟流程，熟悉与掌握快递公司对加盟网点的要求与管理，能够绘制流程图、编制加盟合同，具备加盟快递公司、开发创建加盟网点的知识与技能，为日后网点的经营管理奠定良好的基础，并养成信守承诺、诚信至上的优良品质。

【知识链接】

各个快递公司能够顺利完成快递任务，依赖其健全完善的快递网络，而直接面向客户的终端网点是网络中的重要组成部分。使用统一品牌实现规模效益的连锁经营模式成为快递经营的首选。

一、直营模式与加盟模式

根据各网点所有权与管理模式的不同，网点的经营可分为直营模式和加盟模式两种。

（一）直营模式

直营模式是指由公司总部直接投资经营，以一个品牌为主导，在各地投资设立网点，并自行经营管理的经营模式。我国比较典型的直营型快递企业有中国邮政（EMS）、顺丰速运等。

（二）加盟模式

加盟是现阶段我国快递企业普遍采用的经营模式，是品牌企业（也称被加盟企业）许可其他经营者（也称加盟企业）统一品牌运作的一种经营体制，是品牌企业以合同形式将其拥有的经营资源许可其他经营者使用，加盟企业按照合同约定在统一的经营模式下开展经营，并向品牌企业支付特许经营费用的经营活动。在我国，大部分民营快递企业前些年多采用加盟模式，现在也陆续在向直营模式转型。

微课1-6

直营网点与加盟网点

表1-6是直营模式和加盟模式优缺点的对比。

表1-6 直营模式与加盟模式优缺点对比

	优点	缺点
直营模式	能够统一资金、统一经营战略、统一人事管理、统一利用企业整体资源，更好地执行总部理念，维护统一的形象与品牌，各网点易达成共识。直营模式可以直接面向消费者，利润率高，可以获得更有效的市场信息，从而做出更加正确的决策；业务操作规范、业务处理能力强，合作伙伴较为固定，投递速度快、效率高	企业需要投入大量资金来购买或租用厂房、设备、运输工具，拓展网点覆盖范围；网络拓展速度较慢，投资周期长，需要较长时间来打造品牌、培育团队、拓展业务、营造文化，企业的管理成本较高；各分店的自主权小，利益关系不紧密，分店的积极性、主动性、创造性难以得到充分发挥
加盟模式	借助加盟商的资金、人脉、管理经验迅速进入当地市场，资金投入较少；加盟商自行招聘员工、自行定价、自行制定经营策略，所以通过加盟形式可以在较短的时间内提升市场占有率，形成自己的品牌；由于总部与加盟商各为独立法人，所以管理成本相对较小	总部对各加盟商的控制较弱，易出现网点各自为政、网点控制力松散和执行力弱的问题，甚至出现低价抢占市场、恶性竞争等问题，从而导致行业整体利润下降、产品同质化严重，运作模式趋同。加盟店内部管理松散，投诉率与差错率高，从业人员业务素质不高，加盟商管理制度不健全

知识卡片1-5 直营与加盟的区别

（1）产权关系不同。加盟是独立主体之间的合同关系，各个特许加盟店的资本是相互独立的，与总部之间没有资产关系；而各直营店都属于同一资本所有，由总部直接运营、集中管理。这是直营与加盟最本质的区别。

（2）法律关系不同。在加盟经营中，特许人（公司总部）和被特许人（加盟商）之间是合同关系，双方通过订立特许经营合同建立起联系，并通过合同明确各自的权利和义务；而直营经营中，总部与直营店之间是隶属关系，直营店受总部的领导与管理。

（3）管理模式不同。加盟经营的核心是特许经营权的转让，特许人（公司总部）是转让方，被特许人（加盟商）是接受方，特许经营体系是通过特许者与被特许者签订特许经营合同形成的。各个加盟店的人事、财务关系相互独立，特许人无权进行干涉。而在直营经营中，总部对各分店拥有所有权，对分店经营中的具体事务有决定权，分店经营者作为总部的一名员工，完全按照总部的要求行事。

想一想：快递企业在什么阶段适用加盟模式开发网点？什么阶段适用直营模式？

当前，随着快递服务业态的不断丰富，网点的形式也逐渐多样化，如快递柜、快递驿站以及与快递企业有合作关系的代理点等（如小型超市、仓买店），也都承担了一部分快递网点服务客户的功能。同时，随着快递服务企业的快速发展，快递企业业务网点的软、硬件设施科技含量日益提高，服务质量和服务效率进一步提升，服务功能也朝着多样化、综合化和个性化的方向发展。

需要特别指出的是，近年来，我国的快递经营模式呈现出了混合发展的趋势与特点。直营式的快递公司逐渐在其投递的末端采用加盟模式，通过鼓励员工加盟，由员工自备运输工具，完成其负责区域的快件投递作业，使得末端服务更加灵活。另一方面，加盟型快递公司在其上层组织架构中加大了直营的力度，公司实现了对部分省级公司甚至个别市级公司的直营型管理，这更加有利于对末端网点的管理，提高服务的质量和客户的满意度。

由于直营模式由公司总部统一选址建设与经营管理，所以，在这里，我们主要介绍加盟模式。

二、网点加盟的条件

（一）对网点加盟的基本要求

快递服务主体（总部）对加盟企业的管理应满足以下要求：①所选择的加盟企业具有企业法人资质，并取得了邮政管理部门颁发的相应的快递业务经营许可证；②建立加盟企业的遴选制度，确保所选择的加盟企业具备与经营地域范围相适应的运递能力；③与加盟企业签订相关合同，明确责任和义务，合同宜符合国务院邮政管理部门及其他相关部门制定的《快递行业特许经营（加盟）合同》（示范文本）的要求；④建立统一的作业规范，并对加盟企业进行业务指导与培训；⑤建立评估制度，对加盟企业的服务意识、作业流程、内部管理、用户满意度等内容进行考核；⑥妥善处理加盟企业之间的纠纷，并协调处理全网用户投诉；⑦加强风险管理，制定风险管理预案。

对组织或个人的加盟，《快递服务》国家标准从具备的资质、加盟的流程、形式、日常培训与考核等方面提出了要求，这有利于规范快递网点的加盟活动，保证网点的服务质量和消费者的权益，促进快递公司及快递业的健康良性发展。

（二）对网点加盟的具体要求

以某知名快递品牌为例，对加盟者的要求如下（节选自该快递公司加盟网页）：

（1）遵守法律、法规，依法经营。

（2）法定代表人具有高中以上文化程度，有一定的经济实力和经营能力。

（3）具备合法有效经营速递或者快递业务的营业执照及符合《快递服务》国家标准要求。

（4）有适合业务需要与公司发展要求的从业人员，包括管理人员、业务员、客服人员及仓库管理人员等。

微课1-7

网点加盟的
基本要求与
流程

（5）有固定的经营场所，适合加盟区域的要求及业务发展状况，缴纳适当的网络建设费、品牌使用费及风险抵押金，并有适当的流动资金开展业务。

（6）加盟网点按照省、市和县区的等级进行分类，加盟费用则按照等级分类标准收取，包括办公与快件存放、中转仓库等，员工生活区与办公场地必须分开。

（7）有必要的办公设备，包括电脑、扫描枪、电子秤、监控设备、消防设施等。

（8）有足够的交通工具承担快件的收取、派送和中转运输。

（9）能够妥善协调与国家相关职能部门的关系，保证快件（不论是自取件还是派件）在所加盟区域内安全中转与送达。

在后续的加盟审核过程中，快递公司会对加盟者的资质做出具体规定，如要有30平方米以上的营业场所；有一定的资金能力（如10万～15万元），保证网点的建设、设备的购置与运营，并能够支付品牌使用费、风险保证金；服从公司总部的指导和考核等。

知识卡片1-6　　　　　　　　　　　**国家颁布《快递业信用管理暂行办法》**

2014年12月，国家邮政局印发《快递业信用管理暂行办法》（以下简称《暂行办法》），对快递业信用信息的采集、评定、应用和监督管理等进行了规定，提出对快递企业建立唯一电子化信用档案，并进行信用评定和管理。

值得注意的是，《暂行办法》规定，对以加盟方式经营快递业务的，在信用建设方面实行统一管理，强化公司总部在信用管理方面的主体责任。

《暂行办法》规定，邮政管理部门将按照行业共治的原则，牵头设立快递业信用评定委员会，开展辖区内快递业信用评定工作。快递业信用信息包括许可管理信息、快递服务质量信息、寄递安全信息等能够反映企业信用状况的信息。信用评定委员会将根据上述信息进行评定并提出整改措施。

被列入年度失信名单或者信用异常名单的企业，取消企业及其法定代表人（负责人）在邮政管理系统的评优评先资格。

对列入信用异常名单的企业，邮政管理部门应当将其作为监督检查的重点对象，可以约谈其法定代表人（负责人），提出告诫，督促其整改。

对列入快递业失信名单的企业，邮政管理部门可以采取系列惩戒措施，包括提高对其随机抽查的频次和比例，取消企业及有关人员在邮政管理系统的评优评先资格，对有关人员参与新设快递企业进行重点审查，与其他部门实施信息共享和联合惩戒，以及由行业协会对列入失信名单的会员企业实行警告、行业内通报批评、公开谴责、不予接纳、劝退等惩戒措施。

想一想：在快递业加盟经营管理中，企业失信可能会产生哪些严重的后果？

三、网点加盟的流程

快递网点加盟的流程主要包括：

（1）加盟商通过公司网站、电话或到访省级公司，咨询加盟网点的事宜与要求，包括加盟的流程、加盟资金、店面的标准等，获取加盟的相关资料，了解加盟公司的基本信息，明确加盟的意向。

（2）在公司网站或直接通过公司获取加盟申请表，如实填写后报公司审核。有的公司由总部运营中心负责审核，有的由省级公司负责审核。

（3）公司接到申请表后，会在规定的工作时限内进行审核，主要审核内容包括加盟商的从业资质、学历、管理经验、信用水平、资金能力、店铺面积、地理位置、预计快递业务量、周边配套条件等，并做出是否通过审核的决定；如有需要，可以通知加盟商补充相关资料，再次进行审核。需要注意的是，为保证各加盟商的权益，各快递公司基本上都制定了区域保护政策，即在已有加盟网点时，周围一定区域内不再审批新的网点。

（4）审核通过后，由运营中心通知IT部门开设网点代码，并通知加盟商签订加盟合同。在签订合同前，公司应就合同条款向加盟商作必要的解释，明确双方的合作方式、权利与义务等。

（5）加盟商按合同约定交纳各项费用，如品牌使用费、风险保证金等。

（6）公司派工程设计人员考察网点，进行网点的装修设计，出具施工图纸。加盟商按照图纸进行店面装修，要突出公司的Logo，保证统一的装修风格。装修所需材料可以从公司购置，也可由加盟商自行解决。

（7）加盟商在公司购买所需设备和物料耗材，如扫描枪、面单打印机、电子秤、工作服、专用胶带、封套、包装箱、空白运单等。电脑与扫描枪需要在公司安装专用程序，并确定账号和密码等。

（8）公司派导师对网点工作人员进行业务培训，包括企业文化、作业规范、服务标准等；也可由网点派人参加公司组织的定期培训。

（9）公司的营运中心对加盟网点进行审核，如符合开业要求，营运部门通知公司IT部门、财务部门、作业管理部门，开通网点的各项权限，并将网点加盟的相关资格在上述部门备案。

（10）网点准备开业，公司派专人进行一段时间的现场指导。

四、对加盟网点的管理

（一）加盟网点投递区域的确定

加盟网点有不同的级别，按行政区划划分主要有：地市级网点、区县级网点和乡镇街道级网点等。在省会城市或较大城市的街道一级网点，也可根据区域大小和业务量情况，再下设更低级别的网点，如专门负责某个大型小区或某个围合区域内快递业务的网点等。

不同级别的加盟网点，公司总部对其资质、资金额度、场地、设施设备的要求是不同的，也会因快递企业的成长阶段、所占市场份额、品牌扩张策略等而各有区别。

地市级加盟网点的投递范围必须覆盖下属的各区级地区，其下级县及县级市按实际能力情况处理；区县级加盟网点的投递范围必须覆盖其开通区域的城区全境，其郊区各乡镇村组按实际能力情况处理；乡镇街道级别加盟网点的投递范围必须覆盖其地区的乡镇全境，包括网点周边10公里以内的全部范围（如图1-5所示）。

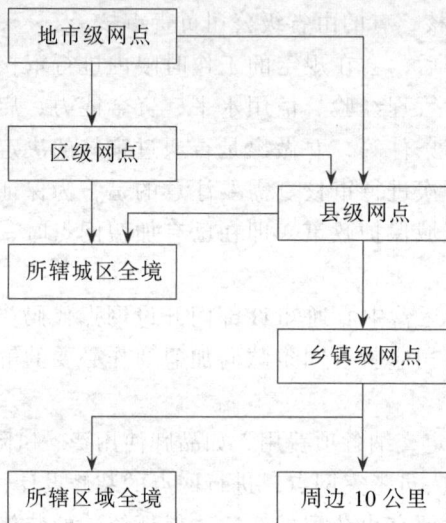

图1-5　各级加盟网点投递区域示意图

（二）快递公司针对加盟网点的管理制度

1.年检年审制度

各加盟网点每年需无条件地接受公司组织的年检，并缴纳年检费用，年检通过方可继续经营。在年检中，可以了解网点一年来的经营状况，发现在经营中存在的问题，并予以纠正或指导。如果网点拒绝接受年检，公司有权处以一定额度的罚款，直至收回品牌的经营权。

2.转让制度

一般情况下，开业一年以内的营业网点不得进行转让（合同中有约定的除外），如私自转让，公司可取消此网点的经营权，并没收保证金。加盟商如欲转让网点，需提前向公司提出申请（一般为一个月），提交网点受让方的资质材料，同时得到公司营运中心的审核批准。转让前，原加盟商需与公司结清相关费用，包括运费、中转费、到付款、代收货款等，并交付转让额的20%给公司营运中心。网点受让方与公司重新签订加盟合同，接受公司的管理和考核，按规定接手网点后继续经营。转让方未到期的品牌使用费、风险保证金等可由受让方承继。

3.关停制度

网点关停也需提前一个月向公司营运中心提出申请，营运中心审核后予以答复。允许关停网点需结清各项费用，处理好善后事宜，方可正式关停。对于私自关停的网点，公司可没收其保证金，直至追究法律责任。如遇网点拒不执行公司相关规定，不接受公司的合理处罚，拒不按公司要求解决经营中存在的严重问题时，公司也可予以强制性关停。

如网点申请暂时停业，总部将关闭相应窗口的网络权限和软件使用权限；停用窗口需保留或重新使用时，按"新增窗口或窗口资料变更管理规定"处理。

任务实施1-2

任务实施1-2

参考答案

选择一个加盟型快递公司，绘制加盟流程图，并拟定加盟合同。

任务3　快递网点选址与布局

【任务解析】

通过对网点选址时需要考虑的因素的分析和关键因素评分法的应用练习，学生熟悉网点选址的基本程序，掌握网店选址的基本方法，能够进行选址规划；根据网点快递作业的特点与需要，科学地进行内部平面布置，同时培养学生重视规划、善作善成的良好意识和能力。

【知识链接】

快递业作为一种服务业态，方便消费者，吸引一定数量的客户群体，对更好地完成快递服务、降本增效、获得预期收益十分关键，因此，对网点地址进行科学决策与规划尤为重要。

一、快递网点的选址

（一）选址需要考虑的因素

1.地理位置

网点尽量选在快递业务量高的区域，并位于服务区域的中心位置。这样的位置可以减少快递员每天往返网点与客户间的距离与时间，提高收派件效率，保证作业时效，也方便客户到网点办理业务。

微课1-8

网点选择需要考虑的因素

2.交通与停车便利性

要对拟选地点周边的交通状况进行全面了解，包括网点到处理中心的交通是否通畅、网点是否在主干道旁或与主干道的距离、网点路段交通拥堵时段（附近居民上下班时间、学校上学和放学时间等）是否与班车到达网点时间重合、网点门前是否有充足的停车空间、是否允许车辆调头等，单行道路段建议不予考虑。在实际选址时，很难找到所有条件都符合要求的地点，这就需要充分考虑，进行综合考量。

3.房屋状况

（1）要保证房屋产权的合法性，即产权明晰无纠纷。如果是租赁性质，要保证能够办理合法的房屋租赁许可证，并与房主签订正规的租房合同，同时要与物业单位沟通，保证房屋允许进行快递经营，不会违反物业的相关规定或产生邻里纠纷。

（2）要保证房屋租赁的持续性。了解拟选房屋是否在政府近期规划拆迁的范围内，房主租房的意愿与计划，最少保证网点可以持续经营5年。网点的重新选址和搬迁会产生较大的费用，流失一定的客户，开发新客户更需要一定的时间与费用。

（3）要保证房屋结构的合理性。网点内部要进行功能分区，包括办公区、作业区等，所以房屋面积不能过小；房屋结构要合理，最好在30平方米以上；房屋内部便于进行布局，以长方形为宜；房屋内无承重柱，无多余的隔间，并能够根据对未来发展的预期做相应的规划和设计。

4.配套设施情况

要考虑房屋的供电、上下排水、网络、供暖、通信是否畅通，尤其要保证扫描枪、作业软件在房屋内的无线信号强大且稳定。

5.治安水平

网点是货物的聚集地，有时会存放高附加值的产品，同时，网点门前会停放送件车辆，存在失窃风险，所以，要选择治安环境较好的区域，不宜在偏僻或周边无其他物业的地点设立网点。

（二）网点选址的基本程序

以下是个人加盟选址时的主要程序，直营选址由公司总部或省级公司的运营中心负责，并由公司领导组织决策人员确定最终地点，在此不做介绍。

1.进行市场调研

对网点计划服务的区域进行调研，主要包括现有快递业务量、5～10年的预计业务量、现有快递品牌与网点个数（包括相同快递品牌的网点数量和位置），以及区域内的单位数量、商户数量、居民或学生数量等，并了解区域内的人员结构情况和消费水平。

2.进行地址预选与决策

根据市场调研情况选择若干可能的网点地址，并按照一定的决策方法确定最终地址。常用的决策方法是关键因素评分法。

3.办理相关手续

与房主进行谈判，确定租金与租期，查验房屋的相关手续，签订房屋租赁合同，并到物业部门备案。

4.房屋装修与设备采购

请公司工程人员设计装修方案，按方案进行门店装修；同时，购置相关设备，待装修完并审核通过后，即可安排设备进场。

（三）利用关键因素评分法进行网点选址决策

在进行网点选址时，基于考虑的因素，应从各个方面对若干备选地点进行综合评价。备选地点在各方面的表现有利有弊，需要有所侧重地从中选择一个相对最优的地点，这时可以采用关键因素评分法来进行量化计算与决策。

所谓关键因素评分法，是针对各备选地点确定若干主要因素（称为关键因素），每个因素按标准评定一个相应的分数，再将若干因素的得分相加，得到每个备选地点的总分，将得分最高的备选地点作为最终决策地点的方法。

微课1-9

利用关键因素评分法进行网点选址

二、快递网点的功能分区

（一）仓储区

仓储区主要用于存放各种物料与耗材（封套、包装箱、包装袋）、打印运单、胶带和各种特殊快件（如客户自提快件、中转快件、滞留件、高值快件、返还件等）。仓储区由货架构成，为保证各类快件的安全，仓储区与其他功能区域应相对隔离，可设置在单独封闭的房间内，无关人员应禁止接近；同时，需安装必要的监控设备（如图1-6所示）。

图1-6　快递网点仓储区

微课1-10

快递网点的主要功能分区

（二）分拣操作区

快件进入网点后，无论是寄件还是派件，都要进行扫描、包装、初步集装或者拆包、分拣、装卸等一系列的操作，这些作业都要在分拣操作区完成（如图1-7、图1-8所示）。

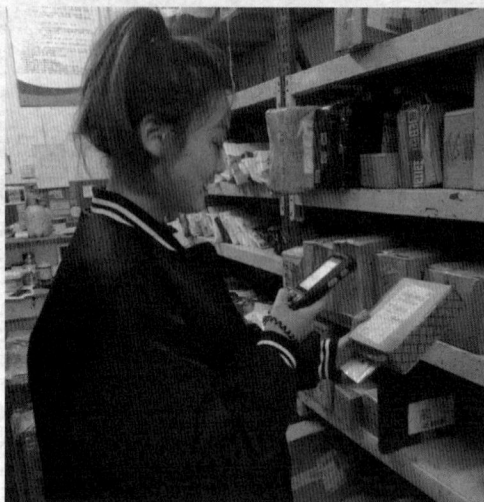

图1-7　快件扫描作业

图1-8　快件装卸作业

该区域应临近班车的停靠点，以减少快件的搬运距离；该区域应呈长方形或正方形，无隔断、无承重墙，相对宽敞，面积视操作人员数量而定，一般应为每位操作员（快递员）3平方米。操作区应配备操作所需的各类工具设备，如拆开包装用的壁纸刀、钳子、分拣筐（盒）、移动格架、小型笼车、电子台秤等，以及常用的物料和交接用表格。而且，各种工具和耗材要进行定置管理，以方便人员取用，减少寻找的时间。如果条件允许，在分拣操作区可以按不同的方式进行二次分区，如按不同快递员进行作业分区，也可按分拣方式或货物类型分区等，并将分区结果用标志张贴于明显位置，以便作业人员随时查看，提高作业的准确性和效率。操作区要保证良好的网络覆盖，以便利用PDA（无线数据采集器）进行快件扫描。

分拣操作区可实行看板管理，看板上可显示快递员派送区域图、分拣作业流程、操作规范、当天班车信息、安全注意事项等。需要特别注意的是，与快件作业无关的物品，包括个人物品，不得带入操作区内。

（三）办公区

各网点需为经理、财务人员、客服人员等提供办公区域，办公区同时为到网点的客户办理相关业务。

办公区应配备电脑、打印机、电话等，同时开通网络接入公司业务平台。财务人员的办公区要封闭独立，如安装门禁、监控设备，且配有保险箱用于暂时存放现金。在较大的站点内如设有机房，应配备温湿度调节设备，保证服务器的作业环境达标。快件不得带入办公区内。网点的营业执照、管理制度、服务承诺、资费标准、禁限寄物品目录、收寄验视规定、服务与监督电话等也应张贴于办公区。

（四）车辆停放区

网点门前应预留车辆停放区，用于本网点收派件三轮车、微型面包车、摩托车的存放，以及班车装卸快件时的暂时停靠（如图1-9所示）。车辆停放区应施划停车位并制作醒目的限速标识，以保证车辆进出的便利和安全。如果网点有后门可以通行，也可在后门附近设立停放区，即前门（临街一侧）供客户通行，后门供工作人员通行和装卸快件。这样人车分流，既减少了临街一侧的道路占用面积，缓解了交通压力，而且方便了客户办理业务。快递员与班车司机应安全驾驶，规范停车，维护良好的交通环境。

图1-9 快递网点车辆停放区

知识卡片1-7　　全市首个快递、外卖车辆停放区亮相石家庄市长安区

2022年5月下旬，不少市民都在长安区万达广场附近发现了"新大陆"。原来这里设置了全市首个快递、外卖车辆停放区，有效解决了商超周边快递、外卖车辆不规范停放的难题。

自石家庄市七大专项整治行动开展以来，长安区城管局不断探索、积极谋划，按照科学规划、有序停放的要求，率先在长安区万达广场周边设置了全市首个快递、外卖车辆停放区。

"原来这里没有专门的快递车停放区，我们都感觉特别不方便。现在好了，每次车辆停放在指定的位置，然后我们再逐一将快件给顾客送过去。这样一来，不仅放心、方便，还不会影响周围交通。"一位快递员说道。

"由于此处周边区域人流量大，写字楼、餐饮店多，尤其是午间高峰时段，外卖、快递车辆扎堆，给商业体周边造成巨大的交通压力。为解决这一难题，我们长安区城管局积极推进此次施划工作，多次协调、联系商超企业和辖区办事处，科学选址、规划，在中山路路段专门设置了这个规范停车区域。"长安区城管局相关负责人介绍说。

记者注意到，全市首个快递、外卖车辆停放区以绿色为主体颜色，配有快递、外卖停放标识，颜色醒目，有效区别于其他非机动车停放区域。同时，考虑到外卖、快递多为大型电动车辆，特选址路牙为斜坡地段，方便车辆推行。

"我在这里的写字楼上班，感觉这个快递、外卖车辆停放区设置得很及时，尤其是到了中午再也不会感到'交通拥堵'了。"市民吴女士不断称赞。

下一步，长安区城管局将不断加大宣传力度，引导快递、外卖人员自觉、规范停放车辆；同时在全区其他商业综合体周边逐步推广运行，优化停放区域设置，让快递、外卖车辆停放秩序得到进一步改善。

资料来源 赵晓华.全市首个快递、外卖车辆停放区亮相石家庄市长安区［EB/OL］.［2022-05-31］.https：//weibo.com/ttarticle/p/show？id=2309404775136862798666.

想一想：在对快递、外卖车辆停放区进行选址时，需要考虑哪些因素？

（五）休息区

休息区供网点内勤人员午休和快递员返回网点的暂时休息，可设置沙发、饮水机、微波炉等简单设备。但是，操作工具和快件不得带入休息区内。

任务实施1-3

1.针对表1-7中网点的三个备选地址所列出的关键因素和评价数据，进行选址决策。

表1-7   网点选址专家评分表

关键因素	权重	A	B	C
预计快递业务量	25	3	4	4
交通情况	20	4	2	5
停车便利性	18	2	4	2
房屋成本	15	5	5	4
配套完善程度	12	3	3	2
治安水平	10	4	3	3

2.在三个备选地址中，房屋面积与格局基本相同，不同之处是有两个选址只在临街一侧开门，另外一个选址在临街一侧和背面（面向小区内部，可临时停放车辆）均可开门，请绘制两种情况下的平面布局图。

任务实施1-3

参考答案

任务4　快递设备购置与使用

【任务解析】

通过网络查询、观看视频和实训基地设备操作练习的方式，加强学生对快递网点常用设备的认知，使学生具备基本设备的操作技能，能够根据网点规模拟定设备采购清单，配置基本的设施设备；同时，初步了解处理中心常用的现代化分拣设备，使学生树立起重视安全生产的意识，培养精益求精的工匠精神。

【知识链接】

快递网点常用的设备包括快递信息技术设备、包装设备、度量衡设备、运输设备等，当然也包括办公电脑、打印机等常规办公设备。此外，处理中心常用的各种分拣设备、分拣机器人等，在本任务中也一并介绍。

一、快递信息技术设备

（一）条码技术设备

1.条码

所谓条码，是指由一组规则排列的条、空组成的符号，可供机器识读，用以表示一定的信息，包括一维条码和二维条码（《物流术语》GB/T 18354-2021）。

条码不仅在物流、快递作业管理中有重要的应用，而且已经融入我们生活中的方方面面。常见的一维条码是仅在一个维度方向上表示信息的条码符号，是由反射率相差极大的一组宽窄不一的黑条（简称条）和白条（简称空）排列而成的平行线条图案，条、空两侧辅以空白区、起始符、数据符、校验码、终止字符等（如图1-10所示）。

微课1-11

快递信息技术设备与包装设备

图1-10　一维条码组成

条码具有信息容量大、可靠性高、错误率低、成本低、易于制作等优点，据统计，扫描 15 000 次条码，才有可能出现一次错误。当前，由一维码升级而成的二维码，即在两个维度方向上都表示信息的条码符号，广泛应用于人们生活中的收付款、信息识别、传递、储存等各个方面（如图 1-11 所示）。

图1-11　二维码

条码按照不同的应用环境与作用，主要有国际通用的商品条码（EAN13 码）、用于快递包裹跟踪管理的 Code128 码（如圆通、顺丰等）、code39 码（如韵达、申通等）、用于物流仓库作业管理的 GSI-128 码（如托盘条码、货架条码等）、用于图书管理的 ISBN 码等（如图 1-12 所示）。

6922162891569

EAN13码

YT1639057936884

Code128码

7 17000 335662

Code39码

(10)001135(21)013037001(240)00008744

GSI-128码

ISBN 978-755381155-0

9 787553 811550

ISBN码

图1-12　常用的条码

2.条码打印机

快递条码以及运单上的信息都是通过条码打印机在热敏纸上打印而成的。此外，也有软件配合激光打印机的方式（如图 1-13 所示）。

图1-13　条码打印机

3.条码扫描器与数据采集器

条码扫描器是用来读取条码信息的设备，它使用光学装置，通过发出红光或激光打到条码上，将搜集到的光学信息经过光电信号转换或解码，转译成数据信息。按物理结构区分，主要有光电扫描笔、手持式条码扫描器、台式条码扫描器、平台式条码扫描器等。同时，随着智能手机的普及，很多手机也具有条码扫描功能。在快递作业中，主要使用手持式条码扫描器和手机条码扫描器。

数据采集器（Personal Digital Assistant，PDA），又称盘点机、掌上电脑，是将条码扫描装置、RFID技术与数据终端一体化，带有电池可离线操作的终端电脑设备，具备实时采集、自动存储、即时显示、即时反馈、自动处理、自动传输功能，是当前各大快递公司普遍应用的数据采集与传输、处理设备（如图1-14所示）。

光电扫描笔　　　　　　　　　手持式条码扫描器

台式条码扫描器　　　　　　　数据采集器（PDA）

图1-14　几种常见的条码扫描设备

(二) 射频识别系统

射频识别技术是一项利用射频信号通过空间耦合（交变磁场或电磁场）实现无接触信息传递并通过所传递的信息达到识别目的的技术。射频识别系统是由射频标签、识读器、计算机网络和应用程序及数据库组成的自动识别和数据采集系统（《物流术语》GB/T 18354-2021）。射频识别作为一种先进的通信技术，可以通过无线电信号识别特定目标并读取相关数据。它的特点是可以实现非接触式识读信息（识读距离从十几厘米至几十米），可在物体运动中完成识读，并且标签被覆盖时同样可进行信息读取，纠错能力强、保密性好，但因电子标签成本较高，目前在快递作业中还未广泛应用。随着快递技术与设备的不断进步，射频识别技术在快递作业中的应用已是大势所趋（如图1-15所示）。

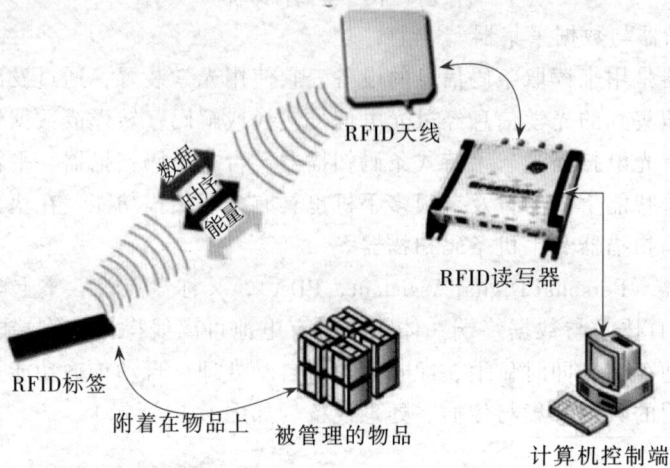

图1-15　射频识别系统示意图

1.电子标签（Tag）

电子标签由耦合元件及芯片组成，每个标签拥有唯一的电子编码，附着在物品上标识目标对象，芯片中写有附着物品的数据信息，包括只读模式和可读写模式。

2.阅读器（Reader）

阅读器又称识读器，是可以控制发射器发射射频信号或接收电子标签上的物品信息，并读取（有时还可以写入）标签信息的设备，分为手持式读写器和固定式读写器。

3.天线（Antenna）

在标签和阅读器间传递射频信号。

(三) 自动跟踪技术设备

快递作业时效性要求高，需要对快件进行实时的定位与监控，保证快件在各个作业环节都能按照既定的时限完成。

1.全球定位系统（Global Positioning System，GPS）

GPS是一种以人造地球卫星为基础的高精度无线电导航的定位系统，它在全球任何地方以及近地空间都能够提供准确的地理位置、车行速度及精确的时间信息。GPS由美国于1974年开始研发，于1994全面建成投入使用。

GPS由三部分组成：空间部分（GPS卫星）、地面监控部分和用户接收部分（如图1-16所示）。其工作原理是：GPS空间卫星共有24颗，可以保证用户在地球上的所有地点、任何时间都能接收到至少4颗卫星的信号，根据卫星从发射到接收到返回信号所需的时间，分别可以计算出用户的实时三维坐标（横、纵、竖坐标）以及时间共四个参数，这样就确定了用户的准确位置和时间。

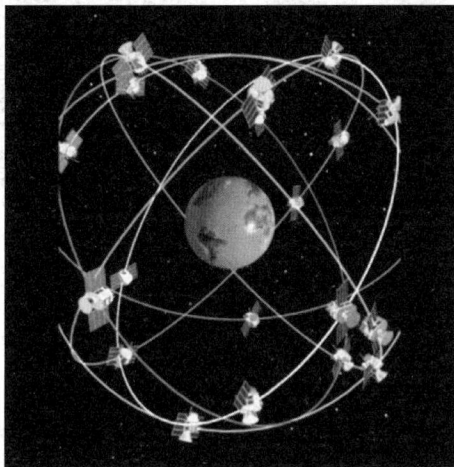

图1-16 GPS示意图

在快递作业与管理中，GPS现主要用于运输车辆的定位与跟踪、路线规划与导航、快件信息查询、话务指挥、突发情况紧急救援等。

2.北斗卫星导航系统（BeiDou Navigation Satellite System，BDS）

北斗卫星导航系统是中国自主研制与建设、独立运行的全球卫星导航系统，由空间段、地面段和用户段三部分组成，可在全球范围内全天候、全天时为各类用户提供高精度、高可靠定位、导航、授时服务（如图1-17所示）。目前，全球范围内已经有137个国家与北斗卫星导航系统签订了合作协议。随着北斗系统建设和服务能力的发展，相关产品已广泛应用于交通运输、海洋渔业、水文监测、气象预报、测绘地理信息、森林防火、通信系统、电力调度、救灾减灾、应急搜救等领域，逐步渗透到人类社会生产和人们生活的方方面面，为全球经济和社会发展注入新的活力。由于北斗卫星导航系统先后共发射了60颗卫星，所以定位与导航速度更快、精度更高、应用范围更加广泛。随着全球组网的成功，北斗卫星导航系统未来的国际应用空间也将不断扩展。

（四）X-ray设备

X-ray设备主要用于对快件进行透视检查，满足"收寄验视"的安全需要，杜绝禁限寄物品的非法运送（如图1-18所示）。随着行业规范程度的提高，国家对快递作业的安全监管越来越严格，X-ray设备在各快递公司正逐渐推广应用。

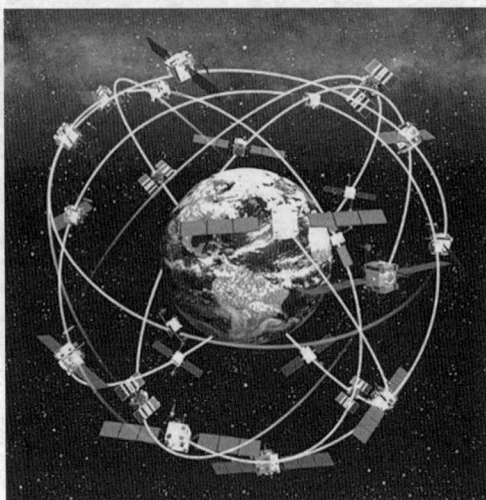

图1-17　北斗卫星导航系统示意图

图1-18　X-ray安检设备

（五）监控设备

快递处理中心与网点都会在场地内安装监控系统，防止快件被盗，同时用于快递作业过程监督，当出现作业过失时，也可根据监控录像进行责任认定（如图1-19所示）。

图1-19　监控摄像头

知识卡片1-8　　　　　　　　　AR智能应用功能强大到超乎想象

对物流行业来说，高效的仓储和配运体系是订单快速、准确交付给客户的基本保障。多年来，为了确保领先的速运水准，各大物流公司争相投资新科技打造智能物流系统，其中AR智能眼镜被公认是最具前景的解决方案！

AR应用于智能物流领域，包括订单分拣、货物装载和运输。下面，我们来具体了解一下应用场景有哪些：

1.订单分拣智能化

快节奏的技术驱动时代，消费者越发期望更快地交付产品和服务。为了确保商品的数量和质量交付无误，物流公司需要对每个订单进行选拣和复核。对快递分拣员来说，这个过程耗时又耗精力，需要一个一个地扫描条形码，以识别、查找物品并完成订单。据悉，一名快递分拣员每天要弯腰3 000次以上，识别5 000个条码！

而AR可以简化整个订单拣选的过程，快件分拣员戴上AR智能眼镜即可扫描整个产品货架。采用触控的交互模式，轻轻一按眼镜腿两侧即可查找、跟踪、解锁多个条形码商品信息。

AR显示屏还能标示具体商品的位置，指导仓储工作人员找到相应的货位，几秒即可完成分拣，同时物流系统信息自动更新完毕。

2.货运装载高效

对于物流运输，最后一公里交付时间的错失问题大多出现在配送中心装载货物上。错误的货物重量估算、不正确的装载或缺乏有关货物放置的信息，一个个看似细微的问题导致配送效率低下！

如果为货物装卸工配备AR智能眼镜，就可以直接显示待装载区内的货物信息，如重量、尺寸，进而帮助其确定某件货物应该装载在哪个货车的哪个位置，这样可以大大地提高工人的装卸效率和准确率。

相比货物装载环节，运输过程影响效率的不可控因素更多，如交通状况、货物在运输过程中的存放环境……"高速路上快件车起火，十几吨快件全部被烧毁"，近几年这样的快件事故屡见不鲜。如何通过AR提高运输效率和安全性？

为货车司机配备AR智能眼镜，加载导航定位系统，能够实时为司机显示交通拥堵情况，规划替代路线，避开限行、限高、限重路段，有助于节省时间和燃料。

除了导航以外，AR智能眼镜还可以为货车司机提供关于货物的属性参数和存放环境标准。当低于存放环境标准时，如冷冻货物温度提高了，就会及时地在显示屏幕上提示相关信息，并提供解决方案，以避免更大的损失。

AR技术在智能物流领域应用的场景广泛，正以多种方式重塑智能物流解决方案，帮助物流公司精细化运营，降低成本，提升物流效率。历历科技发售的Vieewer AR智能眼镜从外观形态、硬件、算力、交互设计上都可谓是行业"开拓者"，在智慧安防和执法、远程协作与培训，巡检与物流仓储等应用场景可大大提升工作效率。

想一想：AR技术在快递管理和作业中，还有哪些应用？

二、包装设备

（一）胶带打包器

胶带打包器属于使用胶带的简易工具，使用时将胶带卷安装在打包器上，胶带前端置于打包器锯齿状切刀下方，便于切割胶带（如图1-20所示）。

图1-20　胶带打包器

（二）半自动打包机与全自动打包机

打包机是使用捆扎带缠绕产品或包装件，然后收紧并将两端通过热熔或使用包扣等材料固定连接的设备，主要用于纸箱类快递货物。按操作程度不同，打包机分为半自动打包机和全自动打包机（如图1-21所示）。半自动打包机是将货物放置在打包台上后，需要人工将捆扎带绕过纸箱，将扎带前端插入导向槽内，打包带触动微开关，槽内的若干工作刀同时感应开始动作。前顶刀上升，将带头顶住；中刀上升，将打包带切断；与此同时，表面约为180℃的热刀伸入上下供带之间，使其受热熔化并黏合在一起；热刀迅速退出，中刀继续上升，将热熔的打包带压紧，粘合牢固；最后，三把工作刀同时下降，将打包带释放，单条打包任务完成（如图1-22所示）。

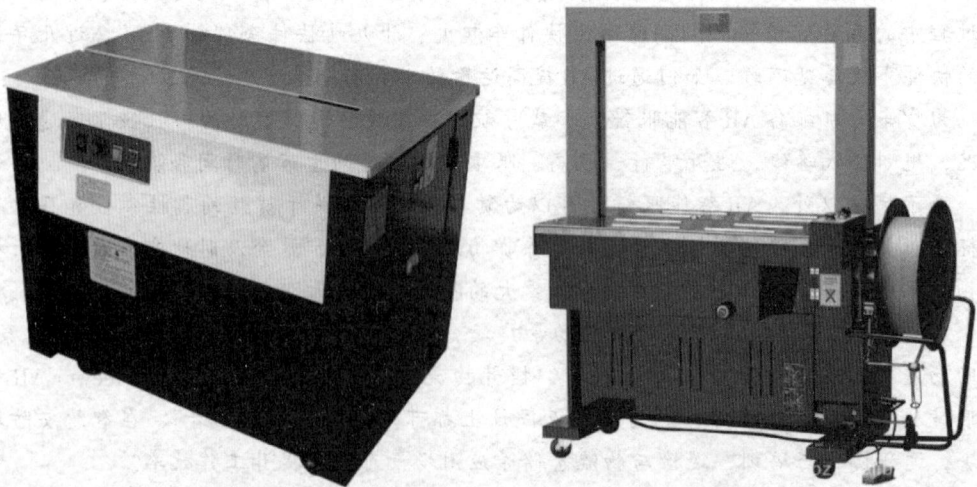

图1-21　半自动打包机与全自动打包机

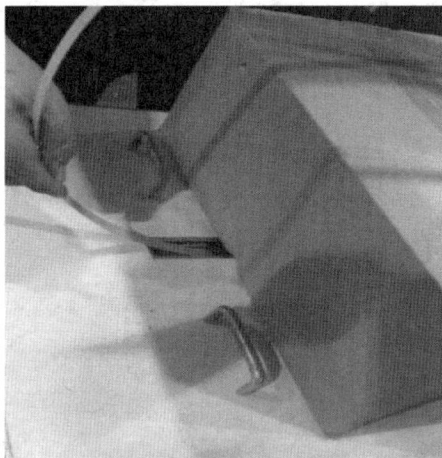

图1-22 半自动打包机人工供带

全自动打包机在打包台上方安装上供带门架，当货物放置到打包台上后，会自动触发开关，完成上带、捆扎、切断、热熔等过程。

（三）缠膜机

缠膜机也称拉伸膜缠绕机，是为实现机械化缠膜而研制的一种专用包装机器，通过拉伸膜对货物进行全面缠绕，主要用于箱式货物的加固包装，或在使用托盘转运货物时的安全固定（如图1-23所示）。

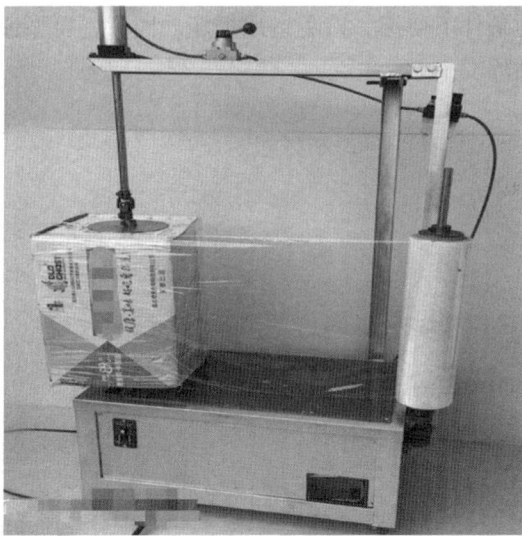

图1-23 缠膜机

三、度量衡设备

（一）便携式电子秤

便携式电子秤是集现代传感器技术、电子技术和计算机技术于一体的电子称量装置（如图1-24所示），非常便于快递员上门揽件时携带，满足

微课1-12

快递度量衡设备与运输设备

了"小巧、便携、快速、准确"的称量要求，同时可以有效地消除人为误差。但其称量范围较小，多在50千克以内。在使用时要保证电量充足，并按操作规范正确称量货物，否则会出现误差，且要注意电子秤的使用环境要求，定期维护与校准。

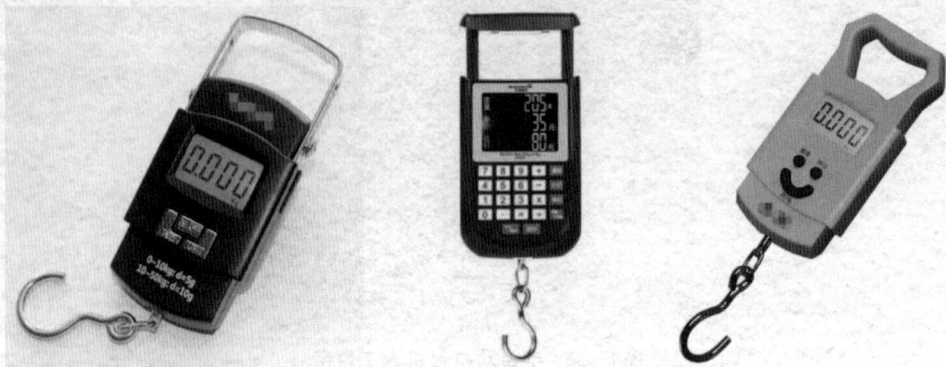

图1-24 常见的便携式电子秤

（二）电子计量秤

电子计量秤的称重范围较大，可达到数百千克以上，有放置在操作台上使用的台秤和在地上使用的地秤等，主要在网点内使用（如图1-25所示）。电子计量秤主要由称重传感器、放大电路、A/D转换器、单片机电路、显示电路、键盘电路、通信接口电路、稳压电源电路等组成。在使用电子计量秤时，应将秤平稳地放置在水平面上，不要在有较强无线电波和磁场的条件下使用，以免造成损坏。同时，要保证计量秤电量充足，并始终处于适宜的温湿度环境中。

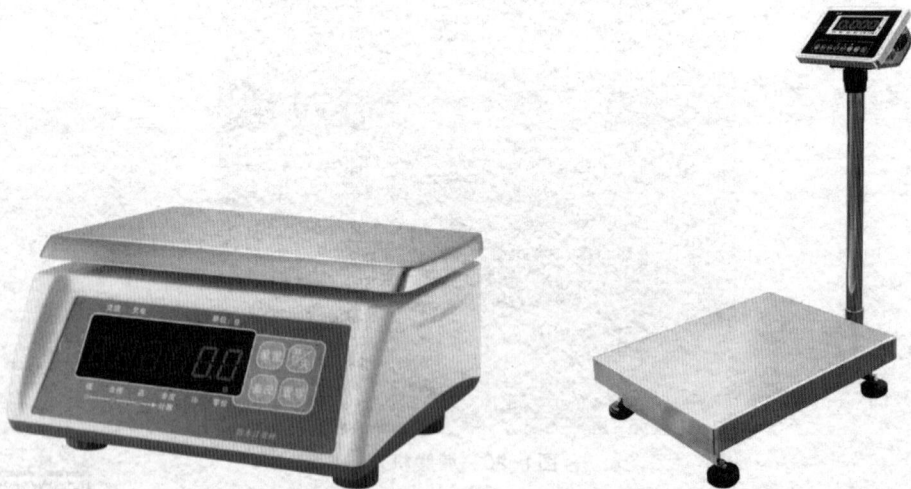

图1-25 台式电子秤和地式电子秤

（三）叉车电子秤

叉车电子秤是一种车载称重设备，与车载的机械控制部分集成为一体，在车载行进中实现称重。它基于一个接近开关对预先确定的称量位置的监测，将液压通过传感器转换为铲斗内载荷的重量而实现称重，承重可达到3吨以上。叉车电子秤有目标模式和累加模式两种不同的工作方式，按照操作人员的选择，可以自动对载荷进行累加，或是将载荷从目标设定值中扣除（如图1-26所示）。

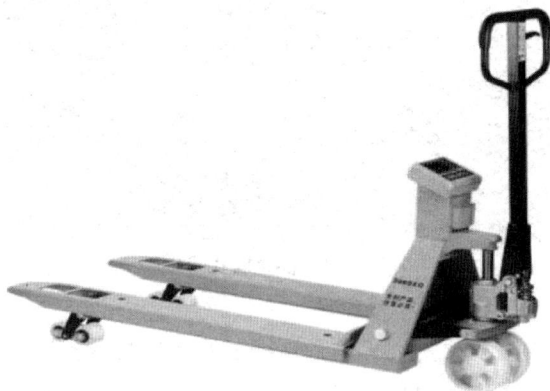

图1-26　叉车电子秤

此外，还有用于测量货物长度的各种卷尺，包括自卷式卷尺、摇卷式卷尺等，由于其结构、操作简单，在此不做介绍。

四、运输设备

快件的运输可以通过航空、水路、铁路和公路来完成，但在实际快递作业中，还是以公路运输为主。在两个城市（处理中心）之间的快件运输以及处理中心与网点之间的转运中，主要依靠厢式货车；而在末端派送环节，则是通过面包车和三轮车来完成的。

（一）厢式货车

厢式货车属于货车的一种，因其货厢的封闭性、安全性而非常适合快件的中长距离运输。不同品牌的厢式货车有不同的尺寸规格，按长度划分，主要有4.2米、7.2米、9.6米和12.5米等；按照载货重量不同，主要分为微型货车、轻型货车、中型货车和重型货车（见表1-8）。

表1-8　　　　　　　　　　　　　载货汽车分类表

类型	最大允许总质量（千克）	车长（米）
微型货车	小于等于1 800	小于等于3.5
轻型货车	小于4 500	小于6
中型货车	大于等于4 500且小于12 000	大于等于6
重型货车	大于等于12 000	

随着冷链物流业的发展，作为特种车辆的冷藏车也越来越多地应用于快递作业中。冷藏车是指用来维持冷冻或保鲜的货物温度的封闭式厢式专用运输车，装有制冷装置和聚氨酯隔热厢。其主要用于果蔬、海鲜、鲜花、药品等的快速配送。图1-27是常见的厢车货车。

图1-27 快递厢式货车

（二）面包车

面包车多为轻型或微型载货汽车，主要用于处理中心至各快递网点的短途运输，快递员也可驾驶微型面包车进行快件派送（如图1-28所示）。面包车易于驾驶，方便临时停靠，快件安全性高。其适合少量快件的运输与投递。

图1-28 快递面包车

（三）三轮车

在快件末端派送环节，广大快递员普遍使用三轮车。其车身小巧，易于驾驶，车辆以电能为能源，能耗低，有益于环保，加之有封闭的快件存放空间．能够保证快件派送的安全性，因而受到欢迎（如图1-29所示）。

图1-29 快递三轮车

五、装卸搬运设备

（一）叉车

叉车是具有各种叉具及属具，能够对物品进行升降和移动以及装卸作业的搬运车辆（《物流术语》GB/T 18354—2021）。叉车是物流作业中最为常见的装卸搬运设备，其机动性好，活动范围大，通用性强，可以与托盘等其他工具形成作业单元，减少人工投入，大大提高了装卸搬运的作业效率和经济效益。

微课 1-13

快递装卸搬运设备与智能化设备

叉车一般以电力或汽油等能源作为动力源，车体前部装有标准货叉，通过液压传动系统实现货叉的升降作业，主要完成仓库内货物的短距离水平运输。按作业或结构特点划分，叉车可分为平衡重式叉车、前移式叉车、插腿式叉车等（如图 1-30 所示）。

图 1-30　平衡重式叉车、前移式叉车和插腿式叉车

1.平衡重式叉车

货叉位于叉车前轮中心线以外，为了克服承载货物时产生的倾覆力矩，在叉车后部安装了平衡重，以保证作业的稳定性。

2.前移式叉车

前移式叉车分为门架前移式叉车和叉架前移式叉车两种。其门架或货叉可以前后移动，便于货叉灵活地伸出到前轮之外叉取或放下货物，行走时货叉带货物收回，使货物重心在支撑面内。

3.插腿式叉车

插腿式叉车的特点是叉车前方带有小轮子的支腿能与货叉一起伸入货板叉货，然后由货叉提升货物。由于货物中（重）心位于前后车轮所包围的底面积之内，叉车的稳定性好。插腿式叉车一般采用蓄电池做能源，起重量在2吨以下。

（二）手推车

手推车是以人力驱动，适用于小重量、短距离货物的搬运工具，其搬运距离一般不大于100米，承重在500千克以下（如图1-31所示）。手推车虽然作业效率较低，但其搬运灵活、易于操作，可在狭小空间或路况复杂的地方作业，造价与成本低廉，适用范围广，能在其他运输工具无法作业的地方使用，所以，其在快递门店的快件搬运中仍有广泛的应用。

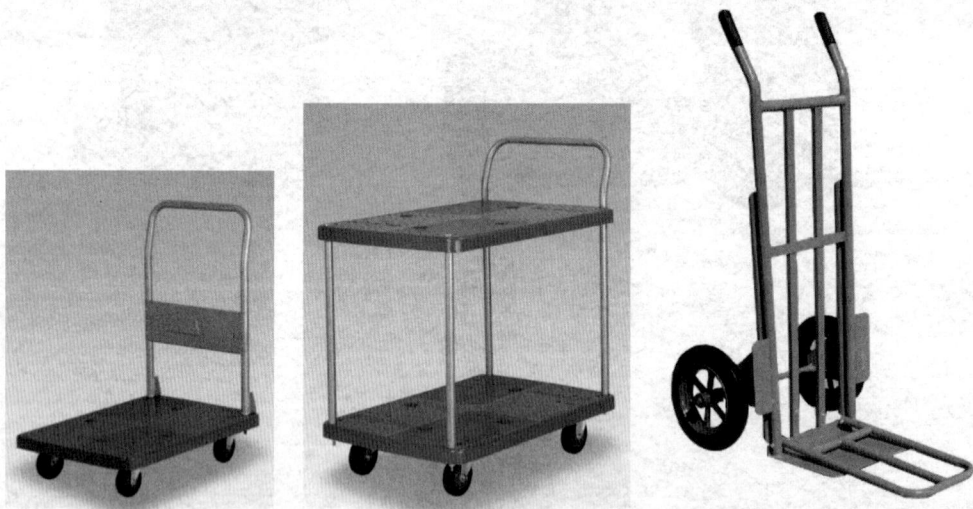

图1-31 常用的手推车

（三）快递笼车

快递笼车也称载货台车，是一种安装有四只脚轮的运送与储存货物的单元移动集装设备。其四周安装有护栏，可以在运输与储存中起到对货物的保护作用，保证货物的摆放顺序，装载能力优于手推车（如图1-32所示）。

图1-32　快递笼车

六、快递智能化设备

（一）智能快递柜

智能快递柜（如图1-33所示）是基于物联网技术，能够对物品进行识别、暂存、监控和管理的设备。它可以与PC服务器一起构成智能快递投递箱系统。智能快递柜可以将快件暂存在投递箱内，并将取件信息以短信的形式发送给收件人，为用户提供24小时自助取件服务。这种取件模式较好地满足了客户随时取件的需求，因而受到用户和快递企业的欢迎。截至2023年，我国智能快递柜市场规模约为500亿元，且仍在不断上升（如图1-34所示）。

图1-33　智能快递柜

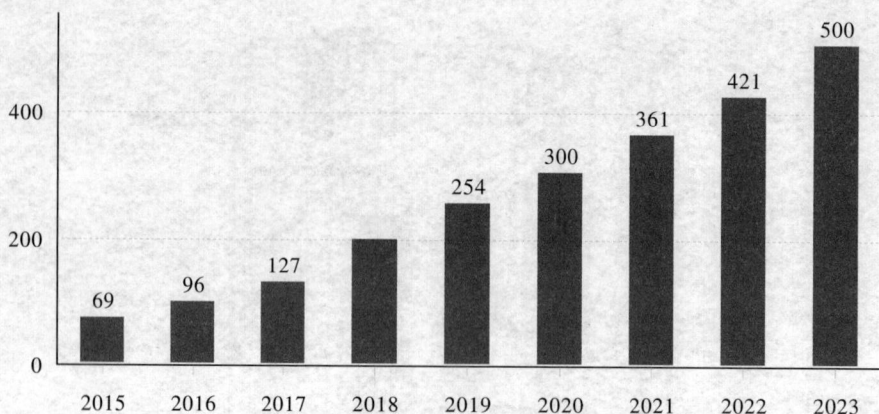

图1-34 2015—2023年全国智能快递柜市场规模（亿元）

智能快递柜采用物联网技术，通过射频识别、红外感应器、全球定位系统、激光扫描器等信息传感设备，按约定的协议将快件与物联网联结，进行信息交换和通信，以实现对快件的智能化识别、定位、跟踪、监控和管理；进行数据采集后，将数据传送至控制器进行处理，再通过各类传感器实现整个终端的运行，包括短信提醒、身份识别、摄像头监控、自动开锁等。

虽然智能快递柜方便、快捷，发展前景好，但也存在一些争议与问题，如过期收费、无法验视、投递箱规格有限等，尤其是部分快递员为了保证时效，在未征得客户同意的情况下，将快件擅自存放在快递柜内以完成派送任务。这些问题都需要我们去正视并解决。

（二）无人机

无人机，全称为无人驾驶飞机，是利用无线电遥控设备或自备的程序控制装置操纵的不载人飞机。当前，利用无人机进行快件的投递在我国部分省市已经通过测试。

利用无人机投递快件能有效提高配送效率，减少人力、运力成本。无人机采用多旋翼机身，飞行高度一般在500米以下，飞行半径10公里，承重为10～50千克。

1.无人机投递快件的优势

（1）飞机重量轻、尺寸小，便于操控。

（2）运行距离短、速度快，能提高投递效率。

（3）对场地要求低。

（4）运营成本低，能增加快递企业效益。

（5）适合小批量、高频次的快件投递。

（6）适合偏远地区紧急件的派送。

2.多旋翼无人机的结构

多旋翼无人机也称多轴无人机，通常有3个及以上的旋翼，飞机的机动性通过改变不同旋翼的扭力和转速来实现。其构造简单，易于维护与操作，稳定性高。常见的有四旋翼无人机、六旋翼无人机和八旋翼无人机（如图1-35所示）。

（1）机架。机架，即无人机的机身架，是整个飞行系统的载体，机架一般使用高强度、重量轻的材料制成，如碳纤维等。

（2）电机。它由电动机主体和驱动器组成，在整个飞行系统中，电机起到提供动力的作用。

（3）电调。电调，即电子调速器，主要提供驱动电机的指令，用来控制电机完成规定的速度和动作。

（4）桨叶。它通过自身的旋转，将电机传动功率转化为动力。在整个飞行系统中，桨叶主要提供飞行所需的动能。

（5）电池。它是将化学能转化为电能的装置。在整个飞行系统中，电池作为能源储备，为整个动力系统和其他电子设备提供电力来源。目前，在多旋翼无人机上，一般采用普通锂电池或者智能锂电池。

（6）遥控系统。它由遥控器和接收机组成，是整个飞行系统的无线控制终端。

（7）飞行控制系统。其集成了高精度的感应器元件，主要由陀螺仪、加速计、角速度计、气压计、GPS及指南针模块、控制电路等部件组成。其通过高效的控制算法内核，能够精准地感应并计算出飞行器的飞行姿态等数据，再通过主控制单元实现精准定位悬停和自主平稳飞行。

四旋翼无人机　　　　　　　　　　　　　　　六旋翼无人机

八旋翼无人机

图1-35 多旋翼无人机

知识卡片 1-9　　　　　　　　　校园上空飞来"快递员"

2018年3月21日，一架京东无人机从远处飞来，快而准地降落在西安电子科技大学长安校区的空地上。工作人员从无人机货箱中取出包裹递给了收货人陈同学，他的喜悦之情溢于言表。"没想到无人机真的可以将货物送到校园，这是一次从未有过的网购体验。"

"我之前很少网购，觉得品质很难保障，快递时间久，退换太麻烦。"陈同学说，这次参加京东"尚学季"活动，认证学生身份可享受1分购大礼包的特权，更是惊喜地成为本次校园路演活动的幸运用户，得到了无人机送货到校园的机会（如图1-36所示）。

图1-36　京东无人机在西安电子科技大学长安校区实现货物投递

记者了解到，此次无人机在西安的大学校园配送，是校园场景下的首次配送试练。京东自2016年在宿迁完成无人机运营第一单开始，目前已在宿迁、西安等地区实现了常态化运营，主要针对日订单量少、相对分散的城市和村镇。平时一个快递小哥要跑1～2小时才能送完一个村子的订单，用无人机配送后十几分钟就送完了，不仅提升了物流效率，更增强了用户的购物体验，同时搭建了区域农副产品通往外界城市的通道。

创新源于应用，京东正通过技术创新拓展更多无人机应用的场景。2017年6月18日，一架由京东集团自主研发的无人机在西安航天基地管委会南广场顺利完成了快递投放任务。2018年2月23日，时任陕西省委书记胡和平调研考察京东大厦时收到一份来自京东无人机配送站送达的礼物，京东无人机配送站首次在公众视界亮相。

京东相关负责人透露，今后几年，京东无人机将在四川、青海、海南、吉林四省进行试运营，无人机物流将逐渐在全国落地应用，惠及更多的人群。未来，随着无人配送站的广泛应用，不管处于乡村、牧区、海岛、悬崖村还是高端住宅、校园、写字楼，都能享受到无人机物流带来的配送体验。

资料来源　王赫. 校园上空飞来"快递员"京东无人机首次在西安高校进行配送［EB/OL］.［2018-03-23］. https：//baijiahao.baidu.com/s？id=1595685959495640833&wfr=spider&for=pc.

想一想：无人机除了可以在快递派送中大展身手外，它还可以在哪些领域得到应用？

七、处理中心分拣设备

对快件的分拣是处理中心的重要作业内容，面对动辄数以万计的进出港快件，各处理中心都采用了半自动化或自动化的分拣设备，来提高分拣作业的效率和准确性。但是，无论处理中心的现代化程度有多高，都会预留一部分的人工分拣作业区域，来处理一些特殊或异常快件。

（一）半自动分拣设备

半自动分拣是指通过输送链来运送快件，由人工进行分拣。在快件到达处理中心，经过拆包并向输送链上供件时，要保证快件运单朝上，由分拣人员快速浏览快件信息，将去往本人所负责区域的快件取下，然后对其进行集装，进行下一步的运输作业。在半自动分拣中，所用设备是各种输送链，其均以电力驱动，按照结构不同，主要有皮带输送链、辊式输送链、链板式输送链、悬挂式输送链等，其中以皮带输送链和辊式输送链为主（如图1-37所示）。

皮带输送链

辊式输送链

链板式输送链

悬挂式输送链

图1-37　几种常见的输送链

在利用输送链进行分拣时，要注意以下几点：

（1）快件在指定位置上链传送（供件），运单一面向上，平整放置，宽度不得超过输送带的实现宽度。

（2）快件传送至分拣工位，分拣人员迅速查看运单信息，及时取下快件；未来得及取下的快件，由专人接取，重新上链分拣或改由人工分拣。

（3）看清运单寄达目的地、电话区号和邮编后，准确拣取快件。

（4）取件时，较轻快件，双手抓（托）住快件两侧，较重快件双手托住底部或抓牢两侧的抓握位，贴近身体并顺快件运动方向拣取。

（5）平时要注意对输送链的保养维护，保证输送链良好的工作状态；注意供件与分拣作业的规范性，不得将不符合条件的快件（如超限、超重件，不规则形状件和特殊包装件等）上链分拣，而应改由人工分拣。

（二）自动分拣系统

自动分拣是指当快件被放置到输送链上后，分拣作业由机器来自动完成，寄达到不同目的地的快件会在指定的分拣道口被移出输送链，进入集货容器内而实现分拣。

1.自动分拣系统的组成

自动分拣系统一般由控制装置、分类装置、输送装置及分拣道口组成。

（1）控制装置：作用是识别、接收和处理分拣信号，根据分拣信号的要求指示分类装置按商品品种、送达地点或货主的类别对商品进行自动分类。这些分拣需求可以通过条形码扫描、色码扫描、键盘输入、重量检测、语音识别、高度检测及形状识别等方式，输入分拣控制系统中去，根据对这些分拣信号的判断，来决定某一种商品该进入哪一个分拣道口。

（2）分类装置：作用是根据控制装置发出的分拣指示，当具有相同分拣信号的商品经过该装置时，该装置工作，改变商品在输送装置上的运行方向，使其进入其他输送机或进入分拣道口。分类装置的种类很多，一般有推出式、浮出式、倾斜式和分支式几种，不同的装置对分拣货物的包装材料、包装重量、包装物底面的平滑程度等有不同的要求。

（3）输送装置：主要组成部分是传送带或输送机，其主要作用是使待分拣商品通过控制装置、分拣装置来完成分拣作业。在输送装置的两侧，一般要连接若干分拣道口，使分好类的商品滑下主输送机（或主传送带），以便进行后续作业。

（4）分拣道口：是已分拣商品脱离主输送机（或主传送带）进入集货区域的通道，一般由钢带、皮带、滚筒等组成滑道，使商品从主输送装置滑向集货站台，在那里由工作人员将该道口的所有商品集中后入库储存，或组配装车并进行配送作业。

以上四部分装置通过计算机网络连接在一起，配合人工控制及相应的人工处理环节，构成一个完整的自动分拣系统。

2.自动分拣系统的特点

（1）能连续、大批量地分拣货物：每小时分拣量能达到7 000～10 000件。

（2）分拣误差率极低：如采用条形码扫描输入，除非条形码的印刷本身有差错，否则不会出错。因此，自动分拣系统主要采用条形码技术来识别货物。

（3）分拣作业基本实现无人化：人员主要负责分拣系统的控制、管理和维护等。

3. 自动分拣机

（1）推块式分拣机：由辊式或链板式输送机和具有独特形状的在辊间左右滑动的推块等组成。平时推块沿辊道侧面排列成直线，不影响快件移动。在需要分拣时，推块沿辊道间隙移动，将需分拣的快件逐渐推向一侧，最终导入分拣道口。推块式分拣机适应不同大小、重量、形状的各种商品，分拣时轻柔、准确，可向左、右两侧分拣，所占空间小，分拣时所需间隙也小，出口多，分拣效率高。

（2）翻板式分拣机：由一系列相互连接的翻板、导向杆、牵引装置、驱动装置、支承装置等组成。当快件进入分拣机后，光电传感器检测快件尺寸，并将信息输入计算机中。当快件到达指定格口时，翻板接受指令翻转，使货物进入分拣道口。翻板式分拣机适用范围广泛，可用于箱类、袋类快件的分拣作业。

（3）交叉带式分拣机：由主驱动带式输送机和载有小型带式输送机的台车（简称"小车"）连接在一起，主驱动带式输送机与小车上的带式输送机呈交叉状。当小车移动到所规定的分拣位置时，转动皮带，完成把商品分拣送出的任务。其分拣出口多，可左右两侧分拣，适用于分拣各类小件商品。

图1-38是上述几种自动分拣机示意图。

推块式分拣机　　　　　　　　　　　　翻板式分拣机

交叉带式分拣机

图1-38　几种常见的自动分拣机

4.分拣机器人

分拣机器人是一种拥有传感器、物镜和电子光学系统的机械设备，可以快速完成货物的自动抓取、运送、分拣与打包任务等。机器人中安装的电脑能够按编程指令自动完成一系列动作，同时具有识别和判断功能，还具备一定的决策能力。在处理中心的分拣作业中，有的机器人（机械手臂）能够抓取快件，完成向输送链供件的任务，也可以通过对快递运单信息的识别，自动在输送链上分拣货物（如图1-39所示）。有的机器人（分拣机器人）能够识别与记忆分拣格口位置，完成快件的定点运送与投递，极大地提高了分拣作业的准确性和速度（如图1-40所示）。

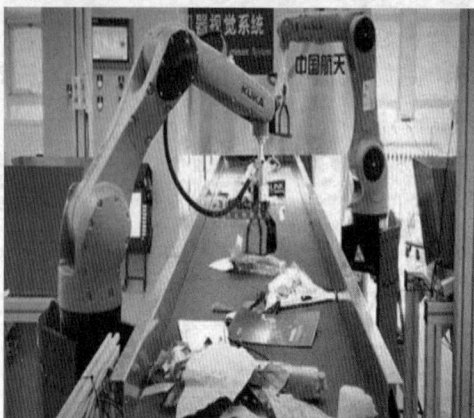

图1-39　机械手臂进行快件分拣

图1-40　分拣机器人在分拣格口自动投递快件

任务实施1-4

1.如某快递网点每天的快件收派业务量为500件左右，请通过实地调查或网络查询的方法，确定采购设备的流程，并拟定采购设备清单，填写表1-9（表格行数可根据需要增减）。

表1-9　　　　　　　　　快递网点设备采购清单

设备类型	设备名称	规格与型号	数量（台、套）	单价（元/台、套）	金额（元）	备注
办公设备						
条码设备						
包装设备						

续表

设备类型	设备名称	规格与型号	数量（台、套）	单价（元/台、套）	金额（元）	备注
计量设备						
仓储设备						
分拣设备						
运输设备						
装卸搬运设备						
消防设备						

2.在电脑上安装条码打印机驱动程序，并设计与打印快递条码。

3.完成半自动打包机的供带操作，并利用打包机进行快递纸箱的打包作业。

任务实施1-4

参考答案

项目小结

本项目基于创新创业时代背景，助力学生以加盟快递网点的形式实现创业。全面介绍了快递的特点及分类，阐述了快递网络的构成与作业基本流程。并对快递网点加盟、选址、内部功能分区以及设施设备的分类和购置等进行了全面介绍，旨在使学生在了解快递的同时，具备网点加盟管理的知识和技能。

项目练习

一、填空题

1.快递服务对快件的重量有要求，单件快件的重量不宜超过_____千克。

随堂测1

2.我国快递业的国家主管机关是_____。

3.为了保证安全，国家规定了_____类禁止快递的物品。

4.网点快递员在进行派件作业时，最常用的运输工具是_____。

5._____是指由一组规则排列的条、空组成的符号，可供机器识读，用以表示一定的信息。

二、单项选择题

1.快递服务对快件的尺寸有要求，快件的单件包装规格任何一边的长度不宜超过（   ），长、宽、高三边长度之和不宜超过（   ）。

A.100cm，200cm   B.150cm，250cm

C.150cm，300cm   D.200cm，400cm

2.目前最重要、运输量最大的快递运输方式是（   ）。

A.航空运输   B.公路运输

C.铁路运输   D.水路运输

3.在加盟模式中，加盟商与快递公司是（   ）关系。

A.合作   B.隶属   C.委托   D.代理

4.网点内用于存放各种物料与耗材、打印运单、胶带和各种特殊快件的区域是（   ）。

A.休息区   B.仓储区

C.办公区   D.分拣操作区

5.BeiDou Navigation Satellite System（BDS）是（   ）的英文写法。

A.无线射频识别系统   B.北斗卫星导航系统

C.无人仓   D.智能快递柜

三、多项选择题

1.快递也称速递，是指快速（   ）单独封装的、有名址的快件或其他不需要储存的物品，按承诺时限递送到收件人处或其指定地点并获得签收的寄递服务。

A.收寄   B.运输   C.包装   D.投递

2.快递服务包括（   ）等几大环节。

A.快件收寄   B.快件处理   C.快件运输   D.快件派送

3.快递网点的主要功能区包括（   ）。

A.休息区   B.仓储区   C.分拣操作区   D.办公区

4.射频识别系统由（   ）等部分组成。

A.电子标签   B.阅读器   C.电脑   D.天线

5.冷藏车主要适用于（   ）等物品的快速配送。

A.蔬菜   B.水果   C.药品   D.鲜花

四、判断题

1.相较于加盟模式来讲，直营模式中企业需要投入大量资金来购买或租用厂房、设备等。   （   ）

2.在利用关键因素评分法进行网点选址时，哪个备选地址的最终得分最高，就选哪个地址作为最终选址。　　　　　　　　　　　　　　　　　　　　　　（　　）

3.未经过客户同意，快递员不得将快件放在快递柜内。　　　　　　　　　（　　）

4.无论处理中心的现代化程度有多高，都会预留一部分的人工分拣作业区域，来处理一些特殊或异常快件。　　　　　　　　　　　　　　　　　　　　　　（　　）

5.快递员的操作工具和快件可以带入休息区内。　　　　　　　　　　　　（　　）

项目二

快递网点经营管理

■ 项目导入

　　经过前期辛苦的付出与不懈的努力，陈佳成功加盟A快递公司，快递网点已初步建成。近日，公司通知陈佳，准备参加由公司举办的面向本地区所有加盟商的经营管理培训班，手把手地教大家怎样招聘员工，怎样进行员工的管理与考核，怎样进行成本核算等。陈佳知道，他的网点距离正式营业还有许多工作要做。

■ 学习目标

知识目标：

1.能够了解快递网点的主要岗位，并界定其职责。

2.能够描述快递网点人员招聘与培训的主要流程。

3.能够列举快递网点人员招聘、培训与考核的主要方法。

4.能够辨别快递网点安全管理工作要点。

5.能够列举快递网点成本的构成。

6.能够说明快递网点成本核算的方法。

能力目标：

1.能够通过制定培训课程表实现对快递网点员工的培训。

2.能够通过设计绩效考核方案实现对快递网点员工的考核。

3.能够编制快递网点安全生产设备配置检查表，加强快递网点安全管理。

4.能够设计并填报快递网点费用归集表。

素养目标：

1.具有尊重快递人才、以人为本的意识。

2.具有选拔快递从业人员的公平、公正精神。

3.具有居安思危、安全至上的责任意识。

4.具有加强快递网点成本核算、厉行节约的意识与能力。

任务1 快递网点人员管理

【任务解析】

通过快递网点调研、网络查询资料的方式，分析快递网点主要岗位设置与职责，确定员工招聘、培训、考核的流程与主要方法等，使学生掌握快递网点主要岗位的设置；能够科学地进行网点人员招聘与培训，设计员工培训内容和制订绩效考核方案，加强对员工的绩效管理和考核，培养重视人才、共同进步的团队协作精神，营造良好的工作氛围。

【知识链接】

快递网点的岗位设置因网点级别、快递业务量大小而有所不同。网点规模与业务量大，岗位设置宜细致，分工应明确；如果网点规模与业务量较小，可一岗多责，以降低人力成本，但要明确各个岗位的基本职责。

一、快递网点的主要岗位及职责

快递网点一般规模较小，岗位设置采用直线制或直线职能制即可，主要岗位有经理1人、客服1~2人、调度1人、操作员1~2人、快递员5~10人等。

微课2-1

快递网点的主要岗位与职责

（一）经理

（1）在公司的领导下，负责网点的全面经营工作。

（2）负责制定网点的绩效目标，并组织落实，监督完成情况。

（3）负责本网点的人员管理、绩效管理、质量管理、安全管理。

（4）负责辖区内客户的开发与维护。

（5）完成上级交办的其他工作。

（二）客服人员

（1）接听网点电话，及时受理各项业务，包括处理客户的咨询与投诉。

（2）负责网点进出仓货物的查询工作。

（3）打印面单，核对面单内容是否准确，如实将面单信息录入系统中。

（4）及时处理好各类问题件。

（5）负责收回并保管快递员揽件时的收费、代收货款等，并与公司按时对账。

（6）完成上级交办的其他工作。

（三）调度员

（1）根据客户的取件需求，将取件任务及时派给快递员。

（2）与快递员保持联系，了解取、派件任务的完成情况。

（3）在取、派件高峰时期，合理调配快递员，保证快递时效。

（4）对快递员的工作绩效进行监控与分析，并提出合理化建议。

（5）完成上级交办的其他工作。

（四）操作员

（1）按照标准检查与接收快递员揽收的快件，协助进行快件的包装和运单填写情况的检查。

（2）对进出站快件进行扫描、分拣、预装、暂存、装车等作业，负责与班车驾驶员的交接。

（3）审核快递员即将派送的快件，异常件不得派送。

（4）负责快件信息的接收、发送及与其他网点间的联络工作。

（5）完成上级交办的其他工作。

（五）快递员

（1）负责所辖区域内的快件收派工作，保证作业时效与服务质量。

（2）负责所辖区域内客户的开发与维护，解答客户疑问。

（3）负责所使用派送车辆与设备的管理与维护。

（4）及时分析客户的需求与意见，向领导提出开发市场的合理化建议。

（5）完成上级交办的其他工作。

知识卡片2-1 　　　　　　　　　　　　　快递员的一天

他，工作烦琐忙碌

早上6时20分起床，20分钟洗漱，6时40分出门，7点到达网点，开始一天的分拣、派送工作。一般要忙到晚上10点才能回家。

他，主动沟通客户

通过主动和客户维护关系，目前已经发展了很多寄件客户，收入比之前提高了不少，而这背后，是他主动与客户沟通的结果。

"我无数次想过要辞职，但放下工作就没法养家。"薛向兵的笑容里略带着一丝无奈。薛向兵是中通快递成都市龙泉驿区网点的快递员。在快递员里，他的收入可排在第一梯队。2018年2月28日，《成都商报》记者一早就来到该网点，跟着薛向兵体验了一天的快递员生活。

早上6点多起床，每天工作15个小时

今年35岁的薛向兵，住在离龙泉网点不远的大面街道，个儿差不多一米七，留着寸头，脸型偏圆，衬衣搭配牛仔裤，外加中通统一的外套是他常年不变的搭配。从记者见到薛向兵起，他脸上就时常挂着笑容，同事们都说他是一个乐观的人。

2月28日，见到记者后，薛向兵第一句话便是，"靠派件就能挣一两万元的工资，这些都是不了解行情的人想象的，与现实的差别较大，"薛向兵告诉记者，"月收入上万元的快递员都有自己的固定客户，且每天工作的时间基本上都不低于12个小时。"

早上6时20分起床，20分钟洗漱，6时40分出门，7点到达网点，开始一天的分拣、派送工作。"早餐在骑车去网点的路上就解决了，我一般就吃一个馒头加一瓶牛奶。"到达网点后，已有不少同事到了，薛向兵迅速进入角色，开始了一天的工作。

薛向兵负责龙泉驿中心区两个小区、学校以及周边部分街道的派件工作，龙泉城区共有4人负责揽派件工作，为了大家能获得更多的休息时间，每天早上由4人轮流值班。

薛向兵每天要派300多票快件，这在业内代表着最高派件量。上午的件量多一些，揽件主要集中在下午。

一天3次往返网点，日派300多票快件

2月28日，正值薛向兵值班，负责分拣工作，因为要分拣同区域4个快递员的快件，从网点出发的时间比平时晚了一些。初春早晨的天依然微凉，而薛向兵的额头满是小小的汗珠，他花了两个半小时才完成分拣工作。随后，来来回回3趟，他将200多个快件搬上三轮车，朝着自己负责的区域出发。

早上从网点出发后，薛向兵大概用了一个小时分别将150多个快件放到两个不同的小区，剩下近40个散件，需要一件一件送货上门。"配送40个散件花了一个多小时，打了20多个电话，有几个散件是附近施工单位的，有时候打电话对方不一定能接到，只能发短信，然后在门口等取件人，比较耽误时间。"薛向兵告诉记者，"剩余部分散件都是老客户的，直接送到他们手里就行了。"

送完最后一个快件已经是中午12点，薛向兵就近吃了碗面后，迅速赶往网点，开始分拣下午的快件。从中午12时30分开始，分拣工作持续到下午2时，薛向兵将下午要派送的快件陆续搬上车后，又返回负责的区域开始派件工作。

面对不理解，他主动和客户沟通

记者下午在征得薛向兵的同意后，同他一同搭乘三轮车前往他负责的区域进行再次派件。前往派件的路上，薛向兵开心地向记者介绍自己的快递员生涯，"我在龙泉这边当快递员已经4年了，刚开始时基本赚不了钱，每天一个网点的快件量还不及现在我一个人分派的件量，每个月的工资还不够基本的生活开支，坚持两年后，快件量才逐渐增多，收入也慢慢高了些。曾经无数次想过要离开快递员岗位。"乐观开朗的薛向兵此时的表情有些凝重，"我们干点重活累一点都还好，关键是心累，得不到一些人的认可与尊重。"

"让我记忆犹新的一次是在小区派件时，有位大姐不顾小区规定，取件时硬要从收件室后门翻阳台栏杆进来取件，但当时小区明文规定不允许从这里进入。我阻止那位大姐后，她就站在门口骂我。但我不敢和她吵。如果她投诉，我一天的件都白送了。"

薛向兵沉默了大约一分钟后，又笑了起来，"但最后因为我主动给这位大姐把大件送到她收件地址外的其他地方，我们之间的关系变好了。现在，她有快件都通过我来收寄。"

薛向兵告诉记者，自己通过主动和客户维护关系，目前已经发展了很多寄件客户，收入比之前提高了不少。而这背后，是他一次又一次的忍耐和主动与客户沟通的结果。

资料来源 佚名.一名快递员的独白：无数次想过辞职，但放下工作就没法养家［EB/OL］.［2018-03-06］.https://www.163.com/dy/article/DC76GOOK0514R9P4.html.有删减.

想一想：上文中的快递员在一天中都完成了哪些工作？

（六）质量监控员

（1）负责上报和跟进本网点的各种操作缺失问题。

（2）编制并上报本网点的质控报告，研究上级提供的质控报告，跟进监控本网点的操作指标，对不符合要求的指标进行分析。

（3）针对网点操作中存在的问题和改进措施提出合理化建议。

（4）负责本网点与操作相关的培训工作，跟进培训效果，配合上级公司推进操作标准、流程和新项目的实施。

（5）完成上级交办的其他工作。

（七）行政后勤人员

（1）负责网点内的行政事务、人事考勤等工作。

（2）负责网点内安保、保洁、工装、操作设备、办公用品等的分发与保管。

（3）负责网点内各种物料、耗材的保管。

（4）对除派送车辆之外的操作设备进行维护与保养。

（5）完成上级交办的其他工作。

在规模较小的快递网点运营中，上述岗位可进行合并，如网点经理同时兼任调度，客服人员同时兼任质量监控员与行政后勤等。同时，各岗位的职责随网点提供服务范围的不同而有所差异。

二、快递网点人员的招聘

微课2-2

快递网点人员的招聘

人员招聘是指按照企业（网点）的经营战略、人力资源规划等要求，将高素质、符合网点发展需求的人员招进网点，并安排在合适的岗位上。人员招聘是人员管理的关键内容，也是网点人员管理的基础，对网点降本增效、提高快递服务质量具有重要意义。

（一）人员招聘的程序

因各快递网点规模、业务以及招聘岗位的不同，招聘的程序有所差异，基本程序如图2-1所示。

下面针对招聘程序中的几个主要环节进行介绍：

1. 制订招聘计划

招聘计划是公司或网点根据发展目标和岗位规划对某一时期内的招聘工作所进行的整体安排，一般包括但不限于以下主要内容：①招聘的目标和原则；②招聘的岗位及其说明、数量；③应聘岗位的基本条件和要求；④招聘流程；⑤招聘资金预算；⑥招聘时间安排；⑦招聘方法。

2. 确定招聘方法

招聘主要包括内部招聘与外部招聘。外部招聘又包括网络招聘、校园招聘、猎头公司推荐等。

3. 审核简历

审核简历主要是对应聘者进行初步甄选，从年龄、学历、职业技能、职业经历、所取得的业绩等方面进行初步考察，将明显不符合应聘条件的人员筛选下去，提高后续招聘工作的效率。

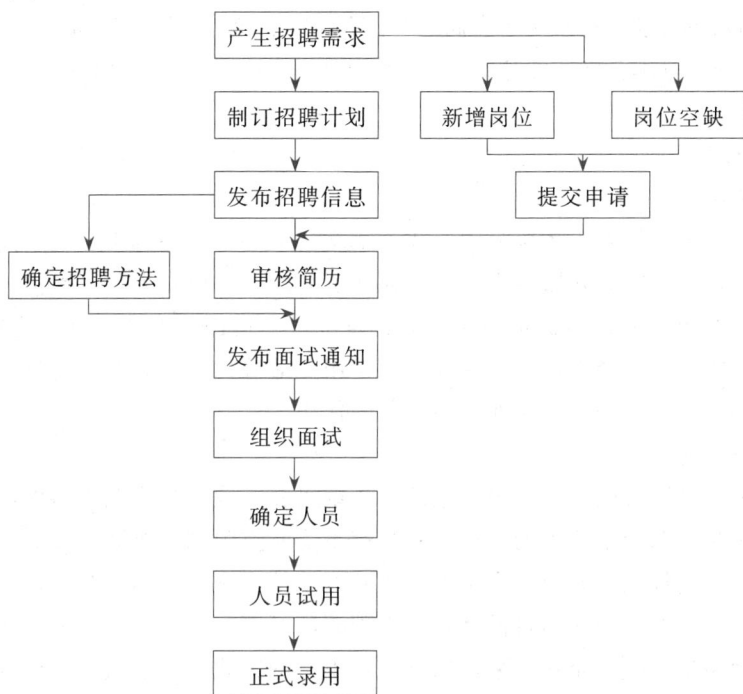

```
                    产生招聘需求
                         │
         ┌───────────────┼───────────────┐
         │               │               │
      制订招聘计划      新增岗位         岗位空缺
         │               │               │
         │               └───────┬───────┘
         │                       │
      发布招聘信息             提交申请
         │                       │
    ┌────┼───────────────────────┘
    │    │
 确定招聘方法    审核简历
                  │
              发布面试通知
                  │
               组织面试
                  │
               确定人员
                  │
               人员试用
                  │
               正式录用
```

图2-1　快递网点人员招聘流程图

4.组织面试

招聘者可以通过现场面试，也可以进行网络面试，主要通过面试交流，了解应聘者的基本修养和职业素养、对应聘岗位的了解程度、对未来职业的规划、对薪资待遇的期望等，这是确定最后录用人员最主要的方法。

5.人员试用

人员试用就是企业对新上岗员工的尝试性使用，是对员工的能力和潜力、个人品质和心理素质的进一步考察。试用前要完成入职体检、岗前培训、确定岗位等程序，还要与员工签订试用合同，保障员工在试用期内的合法权益。按《中华人民共和国劳动合同法》的规定，劳动合同期限三个月以上不满一年的，试用期不得超过一个月；劳动合同期限一年以上不满三年的，试用期不得超过两个月；三年以上固定期限和无固定期限的劳动合同，试用期不得超过六个月。

6.正式录用

正式录用是指试用期满后，对表现良好、符合企业要求的新员工，使其成为企业正式成员的过程。如果是网点自主招聘员工，在试用期满时，由员工提出转正申请，店长进行试用期考核评价，并将意见反馈给员工本人，以利于在今后工作中不断改进。如果是公司招聘员工，则由部门主管领导进行考核评价，并将评价意见递交人力资源部门，按照相关规定办理转正手续，并需签订正式劳动合同；合同主要条款包括入职者姓名、性别、家庭住址、企业名称、住所、签订合同的法律依据、劳动合同的期限、岗位和主要职责、劳动保护条件、劳动纪律、劳动报酬、奖罚措施、变更合同和解除合同的条件与程序、出现争议或纠纷时解决的方法、违反劳动合同的责任和赔偿、签订合同的日期等。如果员工在试用期考核不合格或基本合格，可对员工进行辞退处理或适当延长试用期。

（二）人员招聘的方法

1.外部招聘

（1）人才服务中心

我国许多城市都设有人才服务中心或人才交流中心，定期或不定期地面向多个行业企业召开人才招聘会。人才服务中心设有人才资源库，并由专人负责维护。通过此种方式招聘员工，与求职者面对面地交流沟通，直接对人员进行初选，可以简化招聘流程，且具有应聘者集中、选择面广、方便快捷、费用低廉等优点；同时，通过参加人才招聘会，还可起到宣传企业、树立企业良好形象的作用。

（2）网络招聘

当前，网络已取代电视、广播、报纸等传统媒介，成为提供招聘与求职信息的最主要平台，网络招聘深受求职者的欢迎。它具有不受时空限制、招聘覆盖面广、招聘有效期长且信息量大的优点；同时，多个专业招聘网站的出现，对招聘与求职信息进行汇总和分类梳理，也方便了企业通过网络物色到理想的员工。

在进行网络招聘时，企业可采用以下三种不同的方式：一是通过注册成为某个专业招聘网站的会员，在网站上发布招聘信息。二是在本公司网站上设置招聘专栏，根据需要随时发布相关信息。三是企业在本行业有知名度的网站上发布招聘信息，借助行业网站的知名度和浏览量，吸引求职者注意与应聘。

（3）校园招聘

校园招聘主要是通过用人单位与学校对接，在校园内举办面向毕业生的专门招聘会或企业推介会，通过双向选择，实现企业对人才的需求。高校学生专业素养好，对企业忠诚度高，是企业吸收高层次人才的主要来源。此外，企业还可以将招聘工作向培养环节前移，通过与学校合作进行订单式培养，或开展现代学徒制培养等，委托学校专门为企业培养所需人才。还有一些企业通过招收学生实习，提前使学生进入企业，考察与选择适合的学生留在企业直接就业，许多通过校园招聘进入企业的学生会作为储备干部重点培养。

（4）内部员工推荐

内部员工推荐有两个优势：一是员工了解岗位情况和对应聘者的要求，能够更好地推荐适合的人选。二是推荐者出于对自身未来发展和影响的考虑，也会对被推荐者起到一定的"担保"作用。所以，企业应鼓励员工发掘身边的人才资源为企业所用，做到"举贤不避亲"。

（5）猎头公司推荐

猎头公司，即"高级管理人员代理招募机构"，是为企业搜寻高级管理人才和关键技术岗位的组织，由企业支付搜寻和推荐候选人所需的佣金。利用猎头公司招聘人员可以弥补企业人力资源部门在时间、人力和信息方面的不足，充分发挥其专业性强（有的猎头公司只从事某一行业的人才推荐业务）、高端人才信息量大的优势，便于企业更快地寻找到适合的人才。

2.内部招聘

内部招聘是指企业将招聘信息同时发布给公司内部员工，由员工来决定是否参加应聘，公司选择适合的员工，将其调剂到新岗位。内部招聘，可以为员工打造更为宽阔的晋升通道，有利于员工的发展，提升员工对公司的忠诚度和工作积极性，增强公司的凝聚力。同时，内部招聘可以使员工更快地适应工作，减少企业的培训成本。

以上是几种常用的公司招聘员工的方法，对快递企业来讲，公司招聘管理岗位、技术岗位人员时，多采用网络招聘、校园招聘、内部选拔的方式；快递网点招聘快递员时，多采用人才服务中心、内部员工推荐等方式。当然，在招聘时，也可采用几种方式的组合。

表2-1是几种招聘方式的比较。

表2-1 几种不同招聘方式的比较

招聘方式	优点	缺点	效果分析
人才服务中心	效率较高，可快速淘汰不合适人选，控制应聘者的数量和质量	1.花费较高，需要投入一定的人力和场地费 2.受招聘举办方宣传推广力度的影响，求职者的数量和质量难以保证	需要经常举行，招聘效果一般，流失率较高
网络招聘	1.可随时发布招聘信息 2.发布后管理方便 3.受众面广 4.周期长，简历数量大 5.花费较低	1.简历筛选量大 2.应试率较低，岗位针对性不强	和选择的网站的热度以及访问量有关，比较受限
校园招聘	人数能得到极大满足，也能提高企业知名度	花费相对较大，对知名企业、大企业批量招聘更适用	每年只有一次，流失率也较高
内部员工推荐	1.招聘成本较低 2.成功率高 3.内部推荐人员比较适合公司特点，针对性较强	1.受众面窄 2.容易出现内部小帮派	偶有员工推荐，可能会跟不上员工的流失率，但稳定性较好
猎头公司推荐	综合性的人才开发，可针对公司需求推荐	1.成本较高 2.只适合高级管理人才的招聘	能节约公司的精力，但成本较高，不适合于招聘基层员工
内部招聘	有利于提高员工的积极性和忠诚度，增强企业的凝聚力，能快速适应新岗位，降低招聘成本	无法给企业带来新思想、新技术，易形成固定思维，缺乏创新	有利于员工的晋升，但招聘面较窄，有时难以选拔出适合的员工

三、快递网点人员的培训

通过采用多种方式，对员工进行有目的、有计划的培养和训练，可以达到员工更新知识、提高技能、改进工作作风与态度的目的，使员工更好地适应岗位需要，或者胜任更高的职务。培训对公司和员工都是非常有益的，它有利于员工的发展，也有利于促进公司工作效率的提高和经营目标的更好实现，因此，人员培训是人员管理中的重要内容。

（一）人员培训的流程

人员培训的流程如图2-2所示。

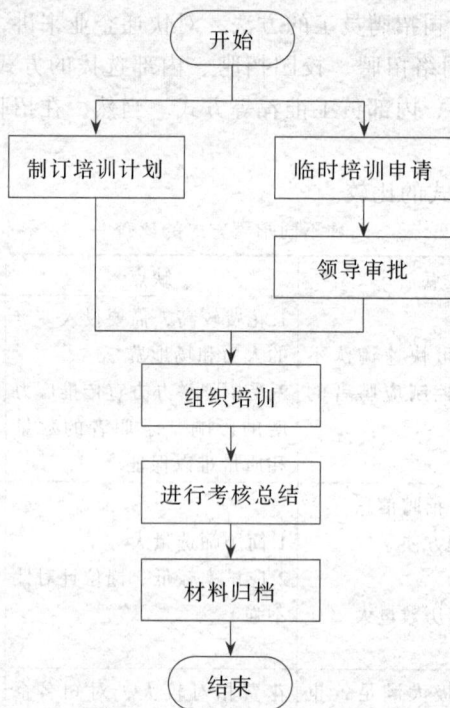

图2-2 快递公司人员培训流程图

快递网点人员除了按要求参加公司安排的培训活动外，在日常作业中还可以通过老帮新、师傅带徒弟的方式进行言传身教，同样可以起到很好的培训效果。

（二）人员培训的内容与形式

微课2-3

1.人员培训的内容

对于不同岗位的人员，培训内容应各有侧重。网点经理的培训重点应为经营决策能力、管理技能、人员考核与激励、客户开发等；对于客服人员，培训应以掌握沟通技能、服务礼仪，以及对公司内部各项业务流程的了解与办公软件的应用等为主；而对于快递员，则应重点提高其快递作业技能，如快件检查、快件的包装与称重、各种设施设备的使用，以及车辆

快递网点人员的培训与考核

的驾驶与保养等。在培训过程中，公司还应重视传播企业文化，培养员工良好的服务意

识与安全意识等。

2.人员培训的形式

根据员工的不同，快递公司可以采用岗前培训、在岗培训、专题培训等方式。

（1）岗前培训：针对新招收的员工，在正式上岗前进行的培训，主要培训内容包括企业介绍、员工手册、规章制度、奖惩规定等方面的学习。

（2）在岗培训：针对已工作一段时间的员工进行，主要目的是提高员工的工作效率和作业质量，不同岗位的员工，培训内容有所不同。

（3）专题培训：根据快递公司的实际情况灵活安排，可以针对部分岗位的员工，也可以针对全部员工。如公司新开发使用的办公软件，对行政人员与客服人员进行的培训。再如，针对快递作业安全而对所有员工进行的培训。

（三）人员培训的方法

1.讲授法

讲授法指培训讲师通过语言表达，系统地向受训者传授知识与技能。其优点是方便、高效、受众面广，是企业培训中使用最多的方式，如常见的培训讲座。

2.工作轮换法

工作轮换法指安排受训者在规定的时间轮换不同的岗位，使其掌握不同岗位的工作经验和技能，同时可以考察其最适合的岗位。工作轮换法一般多用于对新招聘员工的培训，也可用于培训年轻的管理干部或储备干部，使其在具备多个岗位工作经验的同时，更加全面地了解公司。

3.岗位指导法

岗位指导法，即"师带徒"模式，由一位经验丰富的技术能手或主管人员担任师傅，在工作过程中直接对受训者进行培训。如在处理中心，由师傅指导徒弟如何进行供件、集包，对异常快件如何处理等。这种培训方式直观、效果好，同时，师徒之间容易形成密切的工作关系和培养浓厚的个人感情，有利于工作的开展，特别适合对新进员工技能操作方面的培训，一般是一位师傅带一位徒弟，也可以由一位师傅同时带几位徒弟，但数量不宜过多。

4.案例研究法

案例研究法是为参加培训的学员提供员工或组织如何处理棘手问题的书面描述，让学员分析和评价案例，并提出解决问题的建议的培训方法。其主要用于公司中层管理人员（如公司各部门经理、区域经理等）的培训，以提高他们的管理技能和决策水平。

5.研讨会

研讨会是主要针对管理人员的另外一种培训方法，注意调动培训中受训者的主动性和积极性，鼓励受训者与主持人或专家交流互动，也可以通过组成讨论小组，由受训者一同来讨论解决问题。

四、快递网点人员的绩效考核

绩效考核是指企业在一定时期内，针对每位员工承担的工作，根据人力资源管理的需要，应用各种科学的定性与定量的方法，对员工的工作结果及影响员工工作结果的行为进行综合考量、评估的过程。绩效考核不仅可针对员工个人进行，也可针对整个部门来进行。相对于传统考核方法，绩效考核的结果更加科学、客观、准确，有助于提高员工的绩效水平，促进员工的职业发展，也有利于企业实现组织目标，因而成为当前各企业的主流考核方式。

（一）360°考评法

360°考评法又称全方位考核法，是指在考核中，由被考核员工的主管、同事、下属、客户等各个不同角度的关联方来进行考核，甚至可以进行"自我考核"。绩效考核能够反映出被考核员工在不同方面、不同维度的绩效表现，打破了传统考核中仅由上级考核下级的限制，可以有效避免"晕轮效应""考核盲点""个人偏见"等弊端，有利于被考核者全方位的能力提升，而且360°考评法提升了员工自我管理的能力，在一定程度上增强了其自主性，有利于员工积极性、忠诚度和满意度的提高（如图2-3所示）。

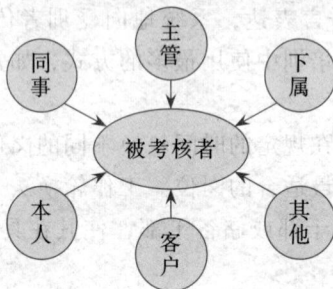

图2-3　360°考评法原理图

（二）目标管理法

目标管理法，即考核双方在充分沟通的基础上，共同制定目标，共同评估目标的完成情况。所以，它是以结果为导向的，管理过程是将考核目标逐步分解的过程。在快递公司内部，主管领导与分管部门的经理在年初签订目标责任状，确定部门年度目标，年底以此为依据进行考核，就是目标管理法的应用。

目标管理法改变了过去由主管领导安排、监督下级部门工作的传统方式，取而代之的是由主管领导与下属协商确定具体的工作目标，并且让下属去努力实现目标。这种方式有利于上下级之间形成统一的目标与认识，对员工进行有效的激励，从而取得组织管理与自我管理的双重效果。

（三）关键绩效指标考核法

关键绩效指标（Key Performance Indicator，KPI），即完成某项任务、胜任某个岗位所具备的决定性因素，是基于岗位职责而设定并与员工工作任务密切相关的衡量标准，体现了各个岗位的工作重点。在进行绩效考核时，从每个岗位的考核指标中选取3~5个与员本阶段工作密切相关的重要指标，以此为标准，对员工进行绩效考核，就是关键绩效指标考核法。

关键绩效指标考核法的原理基于"二八定律"，即员工80%的工作任务的完成源自其 20% 的关键行为。因此，抓住 20% 的关键行为，对其进行分析与衡量，就能抓住绩效考核的重点，从而减少考核的工作量，提高考核的效率和针对性。

例如，我们可以设定多个绩效指标对快递员的工作进行考核，其中的妥投率、客户满意度等指标属于关键绩效指标，对这些指标进行考核，就能基本掌握快递员的整体绩效水平了。或者也可以这样理解，如果一名快递员的妥投率、客户满意度都比较高的话，那么他的其他绩效指标也不会差，关键绩效指标体现了其他指标的水平。因此，快递网点对各个岗位人员的考核，多采用这种方法。

任务实施2-1

1.请为 A 快递公司近期将举办的储备经理培训班设计课程表，时间为一周左右，主要包括培训内容、时间安排等。

2.请为 A 快递公司一线网点人员制订绩效考核方案。

任务实施2-1

参考答案

任务2 快递网点安全管理

【任务解析】

通过观看视频、消防器材操作演练的方式，学生了解并重视快递网点作业中可能遇到的涉及国家安全、快件安全、人员安全、消防安全、设施设备安全、车辆交通安全等的安全问题，能够科学编制快递网点安全生产设备配置检查表，正确使用消防器材，同时树立起总体国家安全观，掌握各方面安全管理的要求和方法，具备网点安全管理的责任意识和能力。

【知识链接】

安全管理是快递网点管理体系中的重要内容，快递网点承担安全管理的主体责任。安全管理涵盖国家安全、快件安全（包括快件信息安全）、人员安全、消防安全、设备安全、交通安全等多个领域，做好安全管理工作，是完成快递作业、实现快递企业经营目标的基础和保证。

快递作业与管理中，涉及多方面安全：

一、维护国家安全

国家安全是指国家政权、主权统一和领土完整、人民福祉，经济社会可持续发展和国家其他重大利益相对处于没有危险和不受内外威胁的状态，以及保障持续安全状态的能力。国家安全是其他一切安全的基础，任何公民都应自觉维护国家安全，同一切危害国家安全的行为做坚决斗争。

党的十八大以来，以习近平同志为核心的党中央不断强化国家安全意识，加强国家安全工作，并于2014年4月提出"总体国家安全观"，涵盖了政治安全、国土安全、军事安全、经济安全、文化安全、社会安全、科技安全、网络安全、生态安全、资源安全、核安全、海外利益安全、生物安全、太空安全、深海安全、极地安全共16项安全。

国家安全直接关系社会主义制度的稳定以及改革开放和社会主义现代化建设的顺利进行。任何个人和组织都有维护国家安全、荣誉和利益的义务。作为快递从业人员，一定要切实把好快件检验关，杜绝一切利用快递网络从事危害国家安全以及其他违法活动的事件发生。如遇可能危害国家安全的间谍、监听等设备，或宣扬反对党的领导、国家统一、领土完整、破坏社会主义制度的音像制品、印刷品等，要坚决抵制，及时上报有关机关。

知识卡片2-2　　快递从业人员维护国家安全的权利与义务

1.权利

根据《中华人民共和国国家安全法》的规定，公民组织支持和协助国家安全工作的行为受法律保护。因支持、协助国家安全工作，本人或者其近亲属的人身安全面临危险的，可以向公安机关、国家安全机关请求予以保护，公安机关、国家安全机关应当会同有关部门依法采取保护措施。公民和组织因支持、协助国家安全工作导致财产损失的，按照国家有关规定给予补偿；造成人身伤害或者死亡的，按照国家有关规定给予抚恤优待。公民和组织对国家安全工作有向国家机关提出批评建议的权利，对国家机关及其工作人员在国家安全工作中的违法失职行为有提出申诉、控告和检举的权利。

2.义务

任何公民都应履行好维护国家安全的义务：

（1）遵守宪法、法律、法规关于国家安全的有关规定。

（2）及时报告危害国家安全活动的线索。

（3）如实提供所知悉的涉及危害国家安全活动的证据。

（4）为国家安全工作提供便利条件或者其他协助。

（5）向国家安全机关、公安机关和有关军事机关提供必要的支持和协助。

（6）保守所知悉的国家秘密。

（7）法律、行政法规规定的其他义务。

想一想：快递员在进行收派作业时，应该从哪些方面注意维护国家安全？

二、保证快件安全

快件安全是指快件在整个快递作业环节中，不受丢失、被盗、损毁等破坏，能够完好地由寄件人送达收件人。

（一）严把收件验收关

快递员在收件环节要严格执行"三项安全制度"（实名验证、收寄验视、过 X 光机安检，将在项目三的任务 1 中详述），确定快件是否为禁、限寄物品，并按规定进行处置。客户提供的快件安全性证明，应留档备查 1年或以上。

微课 2-4

保证快件安全

（二）防止收派环节快件的丢失、被盗、损毁

快递员在收派快件时，应尽量使用带锁闭装置的三轮车或其他机动车，在离开车辆时必须锁闭，防止快件丢失、被盗、毁损，同时也可防止快件被雨淋、火烧等。如使用非机动车进行收派作业，应合理捆扎、装载快件，进入小区或楼内收派快件时，车辆应尽量停放在视线可及或有人代管的相对安全的地方，遇雨雪天气时应对快件合理苫盖。快递员在派件环节应严格执行客户签收制度，不得替客户代签，不得派前签收；落实快递员安全责任制，收派环节发生的快件安全问题，除不可抗拒的外力因素外，由快递员负责。

（三）保证快件处理环节规范作业

快件处理环节杜绝野蛮操作，严格禁止抛、扔、踩踏快件，做到轻拿轻放，防止快件被破坏；处理场地与其他区域进行必要的物理隔离，场地严禁用火，安全用电，配备必要的消防器材，并安装全方位的监控系统，快件交接应在监控范围内进行。

（四）保证快件信息安全

除了保证快递作业过程中内件的安全外，还应重视快件信息安全。快件信息安全是指通过制定规章制度和技术措施，防止在未经许可的情况下，修改、盗窃客户快件信息或对快件进行物流破坏。在快件处理的任何一个环节，除指定的工作人员或国家机关履行职责的公务人员外，不准任何人查阅快件信息。员工不得私自抄录或向他人泄露寄、收件人的任何信息。在快件处理场所，非指定工作人员不得入内，严禁将快件私自带到与工作无关的场所。

三、保证人员安全

（一）加强人员安全培训

1.培养安全意识

安全意识与思想的培训主要包括安全生产方针、政策培训，法制培训，典型经验与事故案例培训等。通过学习方针、政策，提高网点领导及员工对安全生产重要意义的认知程度，使员工牢固树立"安全第一，预防为主"的思想，形成强烈的安全意识。

微课 2-5

保证快递作业中的人员安全

2.学习安全作业规章

学习快递公司、网点有关安全作业的管理标准、规章制度、操作规范，特别是快件收寄、处理、运输环节的安全制度，可分为一般性人员安全教育和专项安全教育（如操作员在分拣作业时的受力部位自我防护，快递员在外勤作业时的交通安全等），教育员工严格遵守各类操作规章，避免人身伤害与财产损失事故的发生。

3.训练操作技能

对员工进行相关操作技能安全性的训练与考核，保证员工能够规范作业，考核通过才可上岗工作。

（二）配备安全防护用品

安全防护用品主要包括口罩、护腰带、防护手套、防护鞋、防滑鞋等（如图2-4所示）。

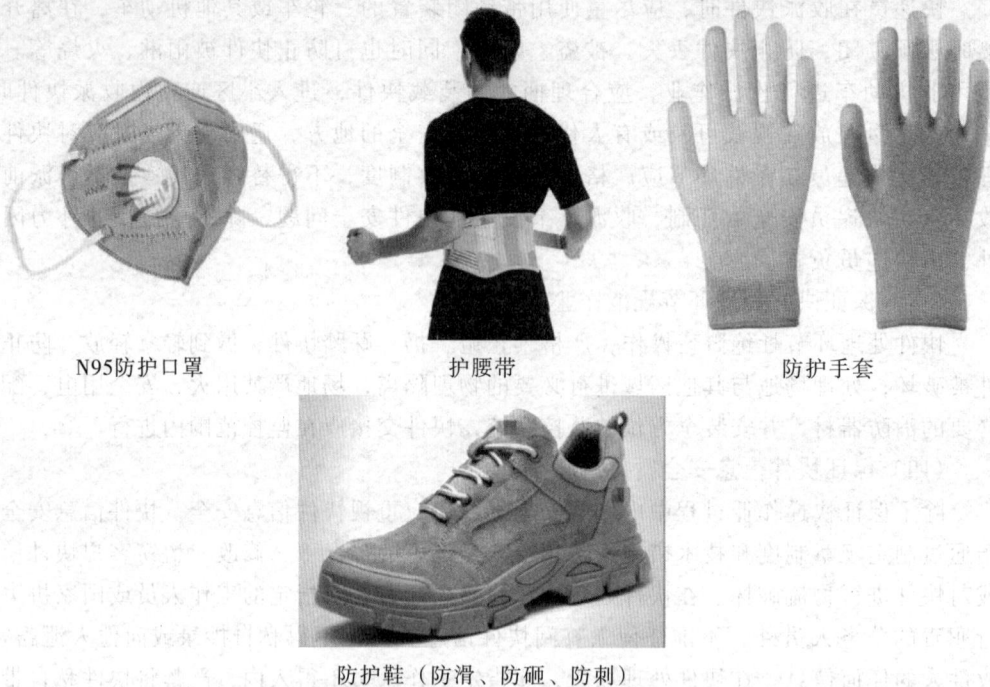

N95防护口罩　　　　护腰带　　　　防护手套

防护鞋（防滑、防砸、防刺）

图2-4　几种常见的劳动保护用品

（三）发生人员安全事故的处理

1.判断受伤情况，进行现场处置

（1）若属于轻伤，应在现场立即进行包扎、止血等简单处理，或者就近送到医院进行诊治。工伤者应填写"工伤事故登记表"，由部门负责人进行现场调查，并在工伤表格内写明事故原因和责任，提出处理意见和整改措施。

（2）若属于重伤，应立即拨打120急救电话，同时联系其家人，并在救护车到达之前给予正确的救护协助；必须及时上报公司安全管理部门，安全管理部门及时向公司主管领导汇报，并成立事故调查小组进行调查，召开事故分析会，认真查清事故原因及责任，提出处理意见及整改措施。伤者或其委托者应及时、如实地填写"工伤事故登记表"。

（3）若发生死亡事故，员工所在部门应会同上级安全管理部门做好现场保护工作，及时拍照与记录有关数据，并绘制现场示意图；未经主管部门同意，任何人不得擅自改变或清理现场。由公司主管领导及安全管理部门协助政府有关部门（安监局、公安局等）组成事故调查组进行调查处理。员工所在部门应及时、如实地填写"工伤事故登记表"。

2.制定整改或防范措施

（1）及时召开事故分析会，找出事故原因。事故分析应做到事故原因未查清不放过，事故责任者和员工未受到教育不放过，没有防范措施不放过。

（2）制定预防事故再次发生的措施，这些预防措施涉及作业操作规范、作业环境和作业条件等方面，需要有计划地实施，以消除危险因素及安全隐患。

（3）加强安全知识教育和安全意识教育，对受伤者进行复工安全教育。

（4）在管理上完善和执行各项人员安全管理规章制度，落实各个作业环节的人员安全防范措施。

四、保证消防安全

（一）火灾的种类

根据可燃物的类型和燃烧的特性，可将火灾分为六类：①A类火灾：指固体物质火灾，一般在燃烧时能产生灼热的余烬，如木材、干草、煤炭、棉、毛、麻、纸张、塑料等火灾。②B类火灾：指液体或可熔化的固体物质火灾，如煤油、柴油、汽油、甲醇、乙醇、沥青、石蜡等火灾。③C类火灾：指气体火灾，如煤气、天然气、甲烷、乙烷、氢气等火灾。④D类火灾：指金属火灾，如钾、钠、镁、钛、锆、锂、铝镁合金等火灾。⑤E类火灾：指带电火灾，指物体带电燃烧导致的火灾。⑥F类火灾：指烹饪器具内的烹饪物火灾。

微课2-6

保证快递网点消防安全

（二）主要的灭火方法

1.隔离灭火法

将正在燃烧的货物与其周围可燃物隔离开或移开，燃烧就会因为缺少可燃物而停止。如迅速搬离接近着火源的快件和其他可燃物等。

2.窒息灭火法

采用适当的措施，使燃烧物与氧气隔绝，从而使燃烧最终停止。可用湿麻袋、石棉被、砂土、泡沫等不燃或难燃的材料喷洒或覆盖到燃烧物表面；用水蒸气、惰性气体（如二氧化碳、氮气等）充填燃烧区域；或用水灌注的方式来达到隔绝空气的目的。

3.抑制灭火法

将有抑制作用的灭火剂喷射到燃烧区，并参加到燃烧反应过程中，使燃烧反应过程中产生的游离基消失，形成稳定分子或低活性的游离基，从而使燃烧终止。常用的干粉灭火器就属于这种类型。

4.冷却灭火法

将燃烧物的温度降低到可燃物的燃点以下，使其不能汽化，从而达到灭火的目的。常用的冷却方法有用大量冷水、干冰等进行物理降温。

（三）常见的灭火器材

1.灭火器

灭火器是快递网点必备的灭火设备，是以各种不同的灭火剂作为灭火物质的设备。快递网点的快件是多品种、小批量的，可能引发各种类型的火灾。灭火器可分为泡沫灭火器、干粉灭火器、二氧化碳灭火器、酸碱灭火器、1211灭火器、1301灭火器、清水灭火器等，如图2-5所示。快递网点灭火器主要以A类火灾的标准进行配备，如干粉灭火器。

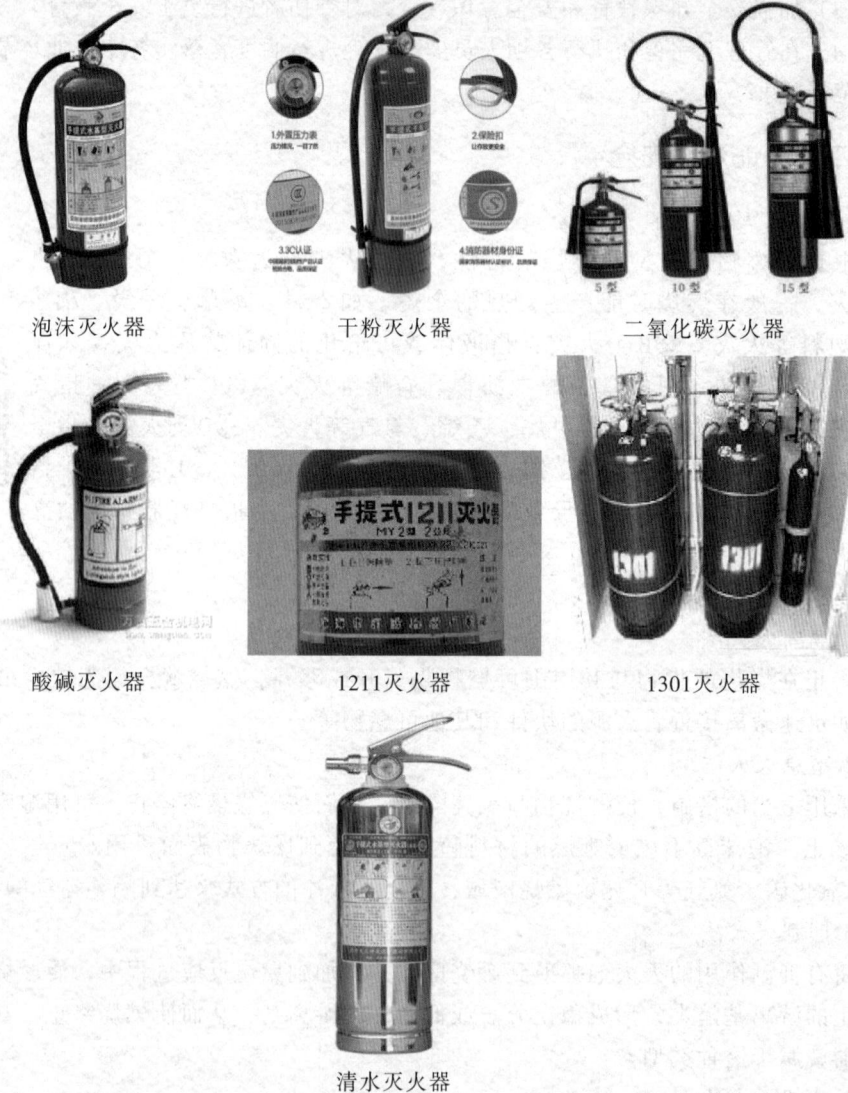

泡沫灭火器　　　　干粉灭火器　　　　二氧化碳灭火器

酸碱灭火器　　　　1211灭火器　　　　1301灭火器

清水灭火器

图2-5　几种不同类型的灭火器

不同的灭火器适用于不同物品引发火灾的扑救，见表2-2。

表2-2　　　　　　　　　　　　　　　　　常见物品的灭火方式选择

物品类型	应选用的灭火方式	不能选用的灭火方式
纸张	干粉灭火器	水
木材	水、泡沫灭火器	
家电	干粉灭火器	水
精密仪器	二氧化碳灭火器	水
包装食品	水、泡沫灭火器	
酒	干粉、泡沫灭火器	用水并站在离火源较近的地方
油	泡沫灭火器	水
棉花	水	干粉灭火器
油漆	泡沫灭火器	水
粮食	水	干粉灭火器
金属材料	干粉灭火器	水

知识卡片2-3　　　　　　　　　　　　　　灭火器的设置要求

灭火器是快递网点最为常见的灭火器材，快递网点需按规定配备足量的灭火器，并保证其处于有效期内。灭火器在快递网点内的设置要求是：

1.灭火器应设置在位置明显和便于取用的地点，不得有杂物遮挡，且不得影响安全疏散。

2.灭火器的摆放应稳固，其铭牌朝外。手提式灭火器宜设置在灭火器箱或挂钩、托架上，其顶部离地面的高度不应大于1.5米，底部离地面的高度不宜小于0.08米，灭火器箱不得上锁。

3.灭火器不宜设置在潮湿或具有强腐蚀性的地点，当必须设置时，应有相应的保护措施。

4.灭火器设置在室外时，应有相应的保护措施。

5.灭火器不得设置在超出其使用温度范围的地点。

想一想：就近选择一家快递网点进行调查，确定其灭火器放置是否符合要求。

2.消防栓

消防栓是一种固定式消防设施，利用连接水源起到控制可燃物、隔绝助燃物、消除着火源的作用，主要分为室内消防栓和室外消防栓，如图2-6所示。消防栓主要由消防水带、水枪、消防水阀门、专用消防水池、消防水管、报警自动 加压水泵等组成。

图2-6 室内消防栓与室外消防栓

（四）快递网点日常消防管理

（1）建立健全消防管理制度，加强对员工的消防安全教育，树立"安全第一，预防为主"的意识。

（2）建立消防安全领导组织，设立专职或兼职消防安全员，定期进行消防安全检查，及时消除安全隐患，保持消防疏散通道的畅通。

（3）配备安全消防设施设备，如灭火器、烟雾报警器、应急指示灯等，并确保各类设施设备处于有效期内。

（4）制定与完善火险火情应急预案，定期组织消防演练，提高员工预防火灾和扑救初起火情的能力。

（5）严格日常作业管理，规范用电，作业区域内严禁烟火。

（6）网点内要保持环境整洁，各类快件码放整齐，远离热源，注意室内通风。

五、保证设备安全

（一）快递网点设备的管理

快递网点的设备主要包括计算机、打印机、扫描设备、分拣设备、消防器材、呼吸器、保护带等。设备管理主要包括设备的保管、检查和使用。设备应建立台账，指定专人保管维护，每天检查并进行登记，还应做好设备的防盗工作，并注意维护保养。公司要不定期地检查设备的维护、保养和使用情况，并做好记录，特别要保证消防器材、呼吸器、保护带等安全设备无故障。对全体员工要开展使用安全设备的教育，使每一位员工都能熟练使用安全设备。

（二）快递网点安全生产设备配置要求

1.消防设备

消防设备主要包括灭火器、消防栓、水带等。对于灭火器，我国所有建筑的灭火器配置均应符合《建筑灭火器配置设计规范》强制性国家标准的规定。

营业场所灭火器的类型和数量应以A类（固体火灾）、民用建筑严重危险级为基准进行配备。

2.隔离设备

营业场所与外界，以及内部特殊区域之间应进行适度隔离。在与外界隔离方面，营业场所应安装金属门，与外界相通的窗口、通风口应安装金属栅栏。在内部区域隔离方面，由于业务接待区存在大量的人流，为保证快件安全，需要与其他操作区域进行隔离；充电区具有易燃、易爆等潜在危险，因此充电区应与其他区域进行物理隔离，并配置防火、防爆等设备。

3.监控设备

营业场所需要配备监控摄像头。在监控范围方面，要求监控摄像头应能覆盖营业场所内部以及充电区、停车与装卸区等部位。在技术要求方面，监控摄像头应全天候运转，能显示人员的活动情况，面部特征的有效画面不小于监视显示画面的1/60；能有效识别寄递物品的主要特征，实现移动侦测；图像资料保存时间不应少于90天。

4.安检设备

由于微剂量X射线安全检查设备购置费用高，因此在快递网点配置该设备是一个较高要求，不易实现。对于特殊地区，为保证寄递安全，可根据需要选配微剂量X射线安全检查设备。这里的"特殊地区"主要是指安全形势严峻的地区，具体区域可由相关管理部门、快递企业研究后确定。

5.报警设备

为确保在出现紧急情况时能够及时报警，有效应对危急情况，快递网点内部应安装烟雾报警器；在快递网点的现金收付等重点区域，应安装与公安机关连接的紧急报警系统。

六、保证车辆交通安全

微课2-7

保证快递作业交通安全

车辆及交通安全，既是保证快件在收寄、运输环节安全的需要，更是作业人员人身安全的保证。

（一）加强对快递员的安全教育

通过交通安全法规学习、交通事故案例警示教育等形式，提高快递员的安全意识，并定期开展快递员对交通安全法规掌握情况的考核。

（二）做好车辆出行前的各项检查

1.证件检查

证件包括快递员驾驶证、车辆行驶证，道路运输经营许可证等。

2.车况检查

车况检查主要是检查车辆的制动系统、轮胎、喇叭、前后灯、转向系统、车门等是否良好，检查车辆电路、油路、气路是否正常，严禁驾驶安全设备不全、存在安全隐患或需要维修的车辆上路。此外，还应检查车厢是否出现缝隙，避免快件被雨水淋湿或被污染。

3.合理装载快件

装载快件的重量或体积要符合车辆额定要求，不得超载。快件在车厢内均匀码放，并做好捆扎，避免因快件装载不当或出现偏移，使车辆重心不稳，引起车辆晃动而导致倾倒。

4.严禁驾驶员疲劳驾驶、酒后驾驶

网点应对出行驾驶员进行安全检查，驾驶员应保证充足的睡眠与休息，严禁酒后驾车。

（三）遵守车辆驾驶要求（以快递三轮车为例）

（1）快递三轮车要在非机动车道上行驶，最高时速不应大于15公里。

（2）遵章驾驶，行驶中不闯红灯，不任意变换车道，不逆行。

（3）快递三轮车最大装载质量不超过180千克。

（4）快递三轮车车厢顶部、左右侧面不应安装有外凸物，行驶过程中车厢顶部不得放置快件。

（5）快递三轮车只准乘坐1名驾驶员。

（6）注意停车的规范性，临时停靠时车辆熄火，不得占用机动车道和机动车停车位，尽量不在坡道、视线不畅的弯路、十字路口附近30米内停车，避免因停车不当导致交通拥堵。

知识卡片2-4　　　　　　　　　　　　　　　避免疲劳驾驶

1.驾驶员在出行之前要保证充足的睡眠。

2.不要服用使人困倦的任何药物。

3.驾驶车辆每达到3～4小时，应停车休息20分钟以上。

4.行车中保持驾驶室空气流通、温度和湿度适宜，减少噪声干扰。

5.感到疲劳时应及时驶离道路，停车到安全地带休息，减轻疲劳感后再继续驾驶车辆，尽量不要在深夜出行。

想一想：许多驾驶员在感到疲劳时，经常采用饮用咖啡、浓茶，或在头部涂抹清凉油的方式坚持行驶，这种做法是否正确，为什么？

（四）落实车辆定期维护保养制度

1.车辆维护与检查

各类车辆维护作业的主要内容和周期都有专门的规定，必须根据车辆结构性能、使

用条件、故障规律、配件质量以及经济效果情况综合考量，确保车辆安全正常运行，延长使用寿命。

2.坚持"三检"，保持"四清"，防止"四漏"

坚持"三检"，即出车前、行车中、收车后检视车辆安全结构及各部件连接的紧固情况；保持"四清"，即保持机油、空气、燃油滤清器和蓄电池的清洁；防止"四漏"，即防止漏水、漏油、漏气、漏电。

3.建立车辆维修制度

网点车辆的维修工作是通过车辆维修制度来实现的，车辆修理必须依据国家和交通运输部门发布的有关规定和修理技术标准进行。车辆修理按作业范围可分为车辆大修、总成大修、车辆小修和零件修理。

任务实施2-2

1.熟练使用灭火器材是快递网点人员必备的消防技能，请梳理不同类型灭火器和消防栓的使用方法。

2.为了保证快递作业安全，A快递公司需要不定期地对各网点进行安全检查，请为A快递公司拟定一份网点安全生产设备配置检查表。

任务实施2-2

参考答案

任务3　快递网点成本管理

【任务解析】

通过案例分析、组织小组讨论的方式，学生掌握对快递网点成本构成的分类，以及对成本的核算，理解并掌握快递网点不同成本的核算思路与方法，了解优化快递网点收益的途径，能够进行快递网点费用归集，实现降本增效，同时培养学生有效控制成本支出的意识与能力。

【知识链接】

所谓物流成本，是指物流活动中所消耗的物化劳动和活劳动的货币表现（国家标准《物流术语》GB/T 18354-2021），即物品在运输、存储、装卸搬运、配送、包装、流通加工、信息处理中所耗费的人力、物力和财力的总和。成本管理是网点管理的重要组成部分，它能够有效控制网点日常运营成本，提高网点内部运营效率，扩大网点竞争优势，提高网点盈利水平。

一、快递网点成本构成

对成本的划分有多种方式，可以按照作业项目进行划分，也可以按成本支付形态或作业活动的范围等进行划分。

（一）按快递作业项目分类

1.前期一次性投入成本

微课 2-8

快递网点成本构成

前期一次性投入成本，即快递网点的固定成本，主要包括：

（1）房租成本。它指租赁房屋或场地开设网点所需支付的费用。租赁房屋建设网点时，要满足交通便利性、停车便利性、房屋面积与内部结构等必要条件，并保证拥有一定的业务量，能够覆盖一定的服务区域。在充分调查拟选地点附近人员构成、消费习惯的基础上，进行初步选址；再根据每天派件量，设计货架摆放，预测经营场所面积；选择合适场所。房租成本主要由所在城市、地段、面积等因素决定。

（2）门店装修成本。门店装修需要按照加盟公司的统一标准进行，包括装修理念、装修风格、装修材料等需要与其他门店保持一致。快递网点与商业性经营场所不同，墙体、地面做一般处理即可，操作场地一定要做地坪防尘，以免人车设备操作时地面起灰，污染快件，同时也会危害员工的身体健康。操作区的平均湿度应在60%左右，如果是在南方地区，有些建筑物的墙体、角落容易发霉渗水，要求做防水、防潮处理。

（3）购置设备成本。其包括购买货架、扫描仪、出库仪、热敏打印机、电脑、台秤、打包机、快递三轮车，以及监控器、灭火器等安防设备所发生的成本。

快递三轮车、PDA是各快递员日常作业中使用的设备，各快递公司、网点对此类设备的管理各有不同，部分网点会向公司为新入职的快递员申请三轮车与PDA，由快递员负责日常保管与维护，员工离职时将设备收回，并可以通过收取部分抵押金或延时发放薪金的形式对设备进行监管。

2.运输成本

运输成本是指一定时期内（也称为本期，是指进行成本核算时规定的时间周期，一般为一年、一季度或一个月），网点为完成货物运输业务而发生的全部费用，包括从事运输与派送业务的人员费用（包括快递员的计件工资），车辆（包括其他运输工具）的燃料费、折旧费、维修保养费、租赁费等。

3.仓储成本

仓储成本是指一定时期内，网点为完成货物储存业务而发生的全部费用，包括仓储业务人员费用，仓储设施的折旧费、维修保养费、水电费、燃料与动力消耗等。快递网点的快件流通很快，其在库时间很短，仓储成本并不高。

4.包装成本

包装成本是指一定时期内，网点为完成快件包装业务而发生的全部费用，包括包装业务人员费用，包装材料消耗，包装设施折旧费、维修保养费。在快递网点，对用户寄递的文件需要包装加以保护，有些快件是用户包好的，有些需要快递网点提供相应的包装服务。这样，涉及的物料（胶带、打印纸、包装纸袋、纸箱）费用等都是快递网点的包装成本。如在公司总部，包装成本还包括包装技术设计、实施费用以及包装标记的设计、印刷等辅助费用。

5.装卸搬运成本

装卸搬运成本是指一定时期内，网点为完成搬运装卸业务而发生的全部费用，包括装卸搬运业务人员费用、装卸搬运设施折旧费、维修保养费、燃料与动力消耗等。在快递网点，装卸搬运成本还包括叉车的作业成本及折旧、搬运用的塑料筐等的消耗。

在快递网点成本核算中，仓储、包装、装卸搬运作业中的人员费用基本上可以忽略不计。

6.信息成本

信息成本是指一定时期内，网点为采集、传输、处理快件信息而发生的全部费用，也指与派件处理、储存管理、客户服务有关的费用。近年来，为了给用户提供更好的服务，便于其及时查阅快件所处的状态，快递网点在物流信息方面的投入越来越大，一般包括软硬件（计算机、PDA等）的折旧费、维修保养费、网络通信费用（宽带、话费、短信费）等。

7.网点管理成本

网点管理成本是指在一定时期内，网点管理人员（如店长、行政人员、客服人员）及作业现场所发生的管理费用，如房屋水电消耗、办公费、差旅费、招待费、广告宣传费用等，同时还包括按合同约定，网点需要向公司缴纳的加盟费、管理费，以及由于各种原因需要缴纳的罚款（如快件延误、丢失、客户投诉等）。

8.库存风险成本

库存风险成本是指一定时期内，在快递作业活动中所发生的物品损耗、毁坏、盘亏等。此外，仓库为履行合同所支付的违约金、赔偿金也构成库存风险成本。快递网点的库存风险成本一般指赔偿损失（快递丢失、损坏赔偿等）。

9.各类税费

各类税费指网点在一定时期内，需要按国家政策与规定缴纳的各类税金、费用。

知识卡片2-5　　　　　　　　　　廊坊顺丰速运降本增效成效显著

据《廊坊日报》2025年4月5日报道，近日，河北省发展改革委公布了2024年度有效降低全社会物流成本十大案例。廊坊顺丰速运有限公司"人工智能+智慧物流设备推动物流行业创新降本"案例成功入选。

近年来，廊坊市坚持科技赋能行业发展战略，指导廊坊顺丰速运有限公司实施三大创新举措。

（1）推进智能化改造。通过引进新的自动化分拣线和自动化卸车线，廊坊顺丰速运有限公司实现了分拣机直接到笼箱的精准匹配，日均包裹处理能力提升了近30%。

（2）创新服务模式。廊坊顺丰速运有限公司开创了"上仓下转"的服务模式，基本实现了"上午寄即日达，下午寄次日达"的同城快捷服务，日均可减少6人作业量，从揽收到分拣只需5分钟。

（3）践行绿色发展理念，推广新能源车辆及环保包装材料，优化运输网络，缩短运距，降低车辆空载率，同步实现降本增效与碳减排目标。

下一步，廊坊市邮政管理局将持续强化科技引领，因地制宜，发展行业新质生产力，深化无人车、无人机技术在邮政快递领域的推广应用，加快建设全球性国际邮政快递枢纽承载城市，为有效降低全社会物流成本贡献更多的"廊坊经验"。

资料来源 滕雪叶.廊坊顺丰速运入选 全省物流降本增效典型案例［EB/OL］.［2025-04-05］. https://www.lf.gov.cn/Item/146753.aspx.

想一想：快递公司与各网点还可以采取哪些措施来实现降本增效的目标？

（二）按支付形态分类

按支付形态，快递成本可分为人工费、材料费、维护费等，详见表2-3。

表2-3 　　　　　　　　　　按支付形态划分的快递成本

成本支付形态	成本内容
人工费	人员工资、福利、奖金、津贴、补贴、住房公积金等
材料费	各种耗材费用、工具费、器具费等
维护费	土地、建筑物及各类设施设备的折旧费、维护维修费、租赁费、燃料与动力消耗费等
一般经费	办公费、差旅费、会议费、通信费、水电费、税费等
特别经费	存货资金占用费、物品损耗费、罚款等

二、快递网点成本核算

（一）快递网点成本核算思路

快递网点的业务可分为运输、配送、仓储、包装、装卸搬运、信息管理等，其成本分别按各种业务所产生的材料费、人工费、物流信息费等支付形态记账，因此物流成本的核算从这些方面进行统计，然后加总求和，即：

成本=材料费+人工费+折旧费+其他一般费用

微课2-9

（二）各类物流成本的计算方法

按支付形态不同，将物流成本从各相关科目中抽出，并进行计算。

快递网点成本控制

1.人工费

人工费是指对物流活动中耗用的劳务所支付的费用。人工费的范围包括职工所有报酬（工资、奖金、其他补贴）的总额、职工劳动保护费、保险费等。按计算期内支付的总额计算。

在计算人工费的本期实际支付额时，报酬总额按计算期内从事快递活动的人员的报酬总额或按整个网点员工的平均报酬额计算。职工劳动保护费、保险费等需要从企业这些费用项目的总额中把用于快递人员的费用部分抽出来。但当实际费用难以抽出计算时，也可以将这些费用项目的总额按从事快递活动的员工人数比例分摊到物流成本中。

2.材料费

材料费是指由于物流活动耗用材料所产生的费用。直接材料费可以用各种材料的实际耗用量乘以实际的购进价格来计算。材料的实际耗用量可以按物流成本计算期末统计的材料支出数量计算，计算公式如下：

本期耗用量=期初结存+本期购进−期末结存

3.维护费与折旧费

维护费根据本期实际发生额计算，对于经过多个期间统一支付的费用，可按期间分摊计入本期相应的费用中。对于在快递业务中可以按业务量或快递设施来直接计算的费用，在可能的限度内直接算出维护费；对于不能直接计算得出的，可以根据建筑物面积和设备金额等分摊到快递成本中。

折旧费应根据固定资产原值和经济使用年限，以残值为零，采用年限法计算。其计算公式如下：

固定资产折旧额=固定资产原值/固定资产预计经济使用年限

4.其他一般费用

对于差旅费、交通费、会议费、网络通信费等使用目的明确的其他费用，按计算期内支付的总额，直接计入成本；对于一般经费中不能直接计入快递成本的，可以按职工人数或设备比例分摊到成本中。

三、优化快递网点收益

(一) 快递网点管理中存在的问题

1.快递派送效率低

在快递业务量不断增加的同时，客户的投诉量也在逐渐上升。客户满意度下降的原因除了服务质量差之外，最主要的就是收派时效无法保证，而收派速度慢在很大程度上是由收派路线不合理造成的。快递员大多根据经验选择收派路线，随意性较大，不能设计合理的派送路线，导致无效行驶路线过多，增加了在途时间，派送效率受到较大影响。

2.快递网点管理不规范

如没有规范安装监控设备，增加了快件安全风险，一旦出现快件冒领或者丢失等情况，很难确定原因与找到快件。而且客户在索赔的过程中，不完善的赔偿机制会导致公司、网点与客户之间的索赔纠纷。

3.快递员数量短缺

由于快递网点人手不足，许多快递员长期处于高强度工作状态，经常出现快件滞留无法及时送达给客户的现象，严重影响到客户的服务体验，不仅容易产生投诉，还会导致客户流失。另外，在网上购物节、电商大促等特殊时间节点，经常出现延迟揽件以及爆仓等问题。

4.快递设施设备落后

一些加盟型快递网点通常规模较小，发展不规范，由于自主经营、自负盈亏，经营者为节约成本，存放快件的货架数量少、质量差，物品杂乱无章地堆在一起，快件上架暂存等大部分工作靠人工完成；由于信息化管理水平和智能化作业程度不高，快件处理效率低、差错率高，增加了人工成本。

（二）优化网点收益的途径

1.确保快件安全，提高客户满意度

快递网点在提供快递服务的同时，要注意提升服务质量。网点精细化管理，要秉承智能化、网络化、可视化等原则认真经营。可以采用智能云监控，24小时确保快件安全；提高信息化、智能化作业程度；加强与收件客户的沟通，提高派送成功率，保证快件安全，减少丢失件、损毁件绝对数量和因快件延误、客户投诉产生的罚款，降低各项成本的支出。

2.建立奖惩制度，强化员工的服务意识

加强对员工礼貌用语与沟通能力的训练，无论是收寄、处理、分拣、运输、派送，还是受理客户的咨询、查询、投诉等业务，都要强化客户至上的服务原则，坚持以礼待人；在快件操作过程中轻拿轻放，按标准作业，保证快件的完整、整洁；及时处理客户的问题，努力使客户满意；确定人员与设备定额，建立完善的奖惩机制，做到奖勤罚懒、奖优罚劣。

3.加大设施设备与信息化系统的投入和建设力度

（1）合理增加设备投入和网点操作区域面积。增加实用、多样的快递设施设备，能有效提高工作效率。以货架为例，增加适用货架的数量，不但能节省空间，也能使快件分类摆放、整齐有序，便于操作和发放，提高作业效率，降低时间成本。

（2）提高网点的智能化作业水平，有效降低人力成本。在快递操作中应用现代物流信息技术，能减少大量的人工操作。例如，用户可通过刷脸寄件、自助取件、手机预约无人车智能送件；网点应用自动化分拣作业系统，自动化分拣设备扫描到快件信息后，自动完成分拣作业。这能大大降低员工的劳动强度、人工操作失误率和快件的破损率，缩短了快件的投递时间，从而降低了操作成本。

任务实施2-3

A快递公司某网点2025年2月份发生的费用如下：订单处理人员工资6 000元，包装人员工资8 500元，搬运人员工资12 000元，ERP管理人员工资3 500元；包装机械消耗电力费用4 500元，其他一般管理活动消耗的电力费用为700元；折旧费用中，包装机械折旧费为30 000元，其他一般管理活动消耗的折旧费为15 000元；办公费用中订单处理消耗2 500元，其他一般管理活动产生的办公费为6 000元。请把各项费用填在"快递网点费用归集表"中，并计算此快递网点2025年2月份总成本。

费用归集是指将订单或产品所需的采购、生产、销售及通用支持等费用明细化，按细目归集，并按照一定的理论和方法分摊到产品或者成本中

任务实施2-3

参考答案

对其进行精确的成本核算。

项目小结

本项目从快递网点经营管理的角度，介绍了网点岗位设置、人员招聘、培训与考核等内容；阐述了网点安全管理的各个维度及管理要点，分析了快递网点成本的构成和优化收益的方法，旨在培养学生未来的员工队伍建设和管理能力，同时树立起安全责任意识、成本管理意识。

项目练习

随堂测2

一、填空题

1.负责对进出站班车快件进行扫描、分拣、预装和暂存作业的人员是_____。

2._____主要是通过用人企业与学校对接，在校园内举办面向毕业生的专门招聘会或企业推介会，通过双向选择，实现企业对人才的需求。

3.为保证快递作业中的交通安全，每驾驶车辆达到3~4小时，应停车休息_____以上。

4.由一位经验丰富的技术能手或主管人员担任师傅，在工作过程中直接对受训者进行培训，即"师带徒"模式，也称_____。

5.所谓物流成本，是指物流活动中所消耗的物化劳动和活劳动的_____。

二、单项选择题

1.（　　）指快递公司或快递员在提供送件服务过程中，快件派送成功的百分比。

A.延误率　　　　　　B.妥投率　　　　　　C.准时率　　　　　　D.客户满意度

2.如果纸张类快递发生火灾，应用（　　）进行灭火。

A.干粉灭火器　　　　　　　　　　B.二氧化碳灭火器

C.酸碱灭火器　　　　　　　　　　D.泡沫灭火器

3.如果家电类商品起火，应用（　　）进行灭火。

A.泡沫灭火器　　　　　　　　　　B.干粉灭火器

C.二氧化碳灭火器　　　　　　　　D.水

4.将燃烧物的温度降到可燃物的燃点以下，使其不能汽化的灭火方法是（　　）。

A.抑制灭火法　　B.隔离灭火法　　C.冷却灭火法　　D.窒息灭火法

5.若有人员在快递作业中受轻伤，应在（　　）立即进行包扎、止血等简单处理，或者就近送到医院进行诊治。

A.休息室　　　　　　B.办公室　　　　　　C.现场　　　　　　D.家中

三、多项选择题

1.快递员的主要职责有（　　）等。

A.负责所辖区域内的快件收派工作，保证作业时效与服务质量

B.负责所辖区域内客户的开发与维护，解答客户疑问

C.负责所使用派送车辆与设备的管理与维护

D.及时分析客户的需求与意见，向领导提出开发市场的合理化建议

2.在利用360°考评法对员工进行考评时，（　　）都可以作为考核的主体。

A.主管　　　　　　　B.同事　　　　　　　C.下属　　　　　　　D.客户

3.快递员在派件环节应严格执行客户签收制度，（　　）都是不允许的。

A.由代收人签收　　　　　　　　　B.由收件人签收

C.替客户代签　　　　　　　　　　D.派前签收

4.常用的快递人员安全防护用品主要包括（　　）等。

A.护腰带　　　　　　　B.防护鞋　　　　　　　C.劳动手套　　　　　　　D.口罩

5.如果按支付形态分类，快递成本可分为（　　）等。

A.人工费　　　　　　　B.材料费　　　　　　　C.固定费　　　　　　　D.维护费

四、判断题

1.网络招聘具有应聘者集中、选择面广、方便快捷、费用低廉等优点。　　　　（　　）

2.快递员在收、派快件时应尽量使用带锁闭装置的三轮车或其他机动车，在离开车辆时必须锁闭，防止快件丢失、被盗、毁损。　　　　　　　　　　　　　　（　　）

3.灭火器应在其有效期内使用，如果灭火器指针位于绿区，其处于有效期内。

（　　）

4.关键绩效指标考核法的原理基于"二八定律"。　　　　　　　　　　　　（　　）

5.快递网点的房租成本属于变动成本。　　　　　　　　　　　　　　　　（　　）

项目三

快递作业管理

■ 项目导入

陈佳的快递网点位于本市中心城区，周边有多个商圈，还有各类企事业单位及居民区，每天收派件的业务量很大。虽然是店长，但陈佳决定要了解快递作业流程和作业标准，只有自己能够完成好各项作业，才能更好地经营管理网点，所以，他跟着有经验的快递员，在新的一天里开始了工作。

■ 学习目标

知识目标：

1.能够陈述国家制定的快递服务法律、法规及规章制度的要点。

2.能够区分快件收寄、处理、运输、派送在整个快递作业中发挥的不同功能。

3.能够辨别禁寄物品与限寄物品。

4.能够描述快件收寄、处理、运输、派送等环节的作业标准与要点。

5.能够列举在出现快件异常情况时的处理方法。

6.能够描述在接待客户咨询与查询、处理投诉、进行赔偿时的服务规范与要求。

能力目标：

1.能够通过收件检验正确处理禁限寄物品。

2.能够通过计量与运算确定快递运费。

3.能够通过缮制差异报告处理异常快件。

4.能够通过路由规划设计运输路线。

5.能够分析人工派送与智能派送的差异，选择合理的派送方式。

6.能够运用不同类型客户服务的语言技巧完成客户服务工作。

素养目标：

1.具备认真严谨完成快递各作业环节的工匠精神。

2.具备严格遵守快递作业法律、法规、规章制度的守法意识。

3.具备正确处理快递作业中各类异常情况的责任意识和担当精神。

4.具备为快递客户热情服务的职业精神。

5.遵守快递从业人员的职业道德准则和职业规范。

任务1　快件收寄

【任务解析】

通过观看作业视频与作业演示的方式，学生了解快件收寄的基本流程，掌握各环节操作要点，能够按规定验视快件、包装快件，并计算运费；具备完成收寄作业的能力，能够正确处理禁、限寄等异常快件，并养成认真严谨的工作态度，培养热情周到的服务意识。

【知识链接】

快递作业基于客户提出的服务请求，当网点收到信息后，经过接单、收件、处理、运输、派送等多个环节，最终将物品由发件人送达收件人处（如图3-1所示）。其中，接单、收件属于快件收寄环节。

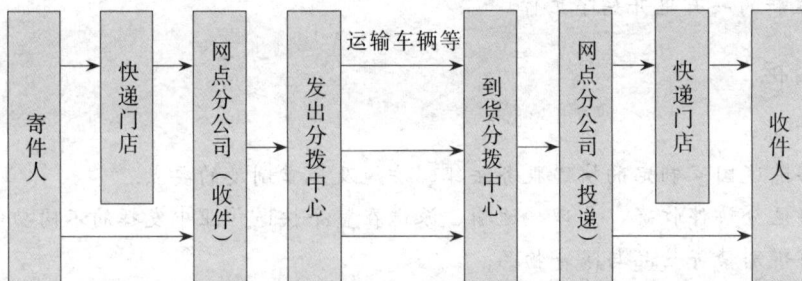

图3-1　快件传递的各个环节

一、接单

接单是指快递服务主体接受寄件人的寄件要求，将寄件人的信息录入、核实并下发给收派员的过程，在作业过程中，还包括快递员接到信息后，与客户确定取件地点、时间、要求等内容。

一般情况下，快递接单包括传统接单方式和网络接单方式。

微课3-1

[二维码]

接单与收件
准备

（一）传统接单

1.电话、短信和微信接单

通常，快递员在作业时都负责固定的区域，所以会积累一定的客户资源，有的客户会直接通过电话、短信和微信的方式联系快递员，约定上门取件的时间。

2.快递门店接单

有的客户在空余时间会直接带快件到快递门店办理寄递业务，这属于接单和收件同时完成，客户也可以在门店自行取件。

3.快递代理点接单

快递代理点主要是指与快递公司签订协议，代替快递公司完成收件、派件业务，并按约定获取报酬的营业性组织。代理点主要指快递驿站，也包括仓买店、洗衣店、药店等经营时间长、客流量相对较大的各类经营场所，主要设置在人口比较密集的居民区、企事业单位附近。快递公司与代理点合作，可以扩大服务范围，提高收派件的效率，降低快递成本。

（二）网络接单

1.快递公司官网与手机App接单

各大快递品牌均十分重视本公司的网络化、信息化建设，大都开发了公司官网和公众号以及手机App。它们都具有网上下单的功能，而且方便、快捷，客户只需注册后登录（官网），就可以在线填写寄件人、收件人及物品信息，并约定上门取件的时间（如图3-2所示）。公司接到订单后，会自动将上门取件的信息推送给区域快递员。公众号和App上下单的操作与官网大致相同（如图3-3所示）。还有部分客户会拨打公司统一的客服电话，公司也会通知快递员上门取件。

图3-2　某快递官网寄件下单界面

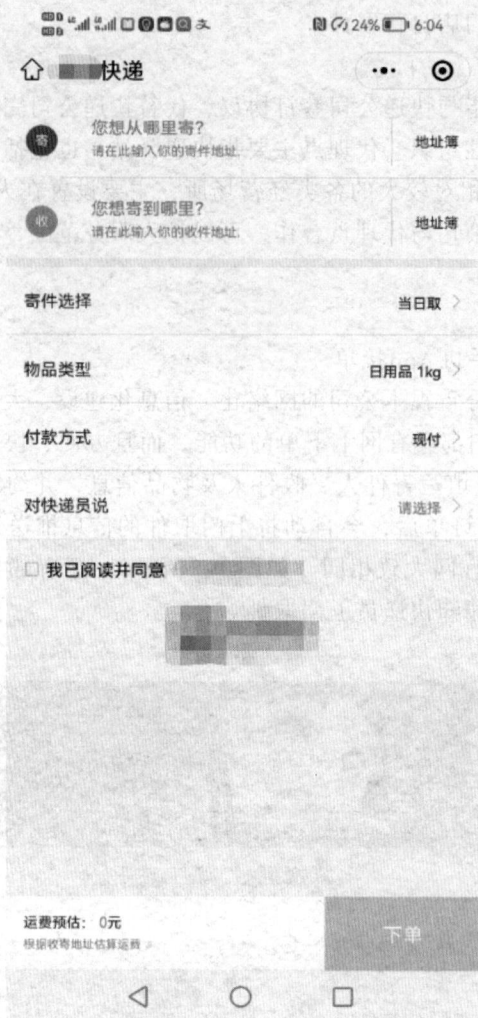

图3-3　某快递公众号寄件下单界面

2.抢单软件

以菜鸟包裹侠、快递员App为代表的快递揽件软件，支持多个快递品牌，不仅可以预约收件、派件，还提供运单查询、快递自动跟踪、驿站代收服务等。抢单软件实际上是一个面向多个快递品牌的综合性信息服务平台，快递员在App上注册，然后认证、绑定与开通个人账号，当有客户在平台上发布发件信息后，快递员就可以抢单了（如图3-4所示）。

二、收件

收件是指快递服务主体接收快件并收存寄件人填写的快递运单的过程（《快递服务》YZ/T 0128-2007）。收件是面对面地为客户提供服务，是后续各作业环节能够顺利完成的基础。

图3-4　某快递抢单App首页

（一）收件的方式与作业流程

1.收件的方式

收件的方式包括快递员上门收件和营业场所现场收件。随着各类快递驿站、代理点的普及，智能快递柜的大面积应用，代理点收件和快递柜自助寄件也逐渐被客户所接受（如图3-5所示）。

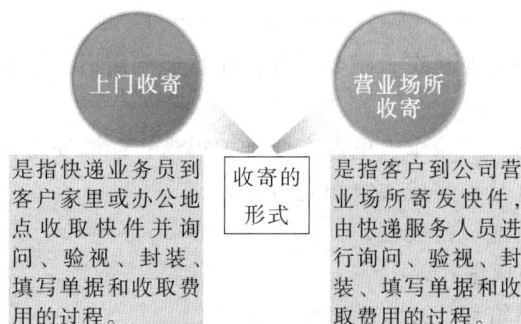

图3-5　收件的两种形式

2.收件的流程

收件从快递员接收客户订单，在网点进行必要的准备时开始，到收到快件并将快件和单据、款项交给网点时结束，这其中包括多个环节（如图3-6所示）。网点现场收件的环节相对简单，各环节的作业要求、标准与上门收件相同。

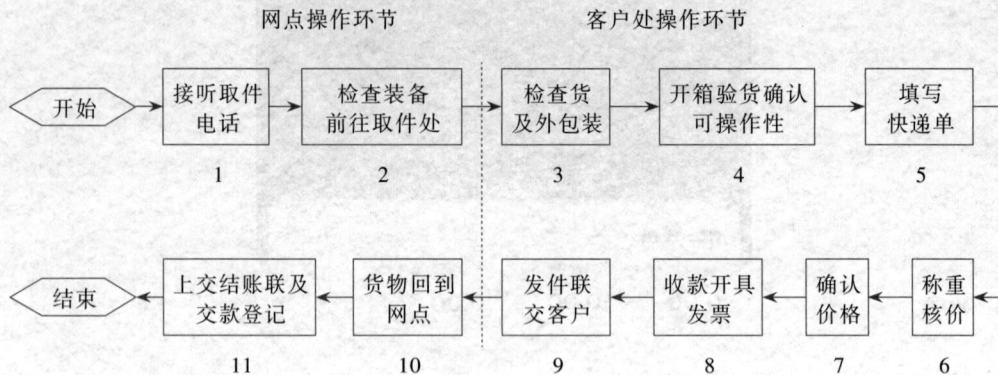

图3-6　收件基本作业流程

（二）收件前的准备工作

1.与客户的沟通

快递员出发件前应与客户取得联系，主要沟通内容有：

（1）确定取件的地点、时间。

（2）快件品类是否属于允许寄递的范围。

（3）寄达地点是否在本快递公司可以送达的区域内。

（4）客户需要的时效是否能够满足。

（5）预估快递价格，是否在客户能够承受的范围内。

2.个人仪表

快递员代表的是公司的形象，所以在登门取件前要整理工装，仪表要符合公司的要求，尤其是第一次接触的客户，具体包括：

（1）应统一穿着具有组织标识的服装，佩戴工号牌或胸卡，并要保持整洁，不得穿拖鞋，女士不得穿高跟鞋。

（2）男快递员要保持头发、指甲、面容整洁，女快递员不化浓妆，不涂指甲油，不佩戴过大的首饰。

（3）要保持良好的精神状态，微笑服务，注意礼貌用语，展示公司风貌。

3.车辆准备

（1）驾驶的机动车、三轮车、电瓶车要维护得当，能够安全使用，并保持清洁。

（2）检查车辆充电是否完成或电源是否充足。

（3）随身携带驾驶证、行驶证。

4.操作设备与单证票据

（1）度量设备：弹簧秤、皮尺、卷尺等。

（2）包装材料：包装用封套、纸箱、包装袋，定型泡沫、充气袋、气泡膜等辅助材料，以及胶带、胶带打包器等。

（3）信息设备：身份证识别仪、PDA、条码打印机、POS机等。

（4）单据类：手写空白运单、发票、价格表等。

（5）其他：记号笔、美工刀等，如果快件较多，还包括折叠式手推车。

（三）快件验视

验视是指快递服务主体在收寄时查验用户交寄的快件是否符合禁寄、限寄规定，以及用户在快递电子运单上所填报的内容是否与其交寄的实物相符的过程（《快递服务》GB/T 27917-2023）。

微课 3-2

收件验视

收件验视是快递员现场作业的第一个环节，因此，要按时间要求到达客户指定地点。不同快递公司对快递员上门时间有不同的规定，一般是"收一派二"，即客户拨打电话或在网上下单后，要在一小时之内上门收件，客户另有约定的，从其约定。

1.快件重量、尺寸要求

《快递服务》（YZ/T 0128-2007）规定：快件的单件重量不宜超过50千克；快件的单件包装规格任何一边的长度不宜超过150厘米，长、宽、高三边长度之和不宜超过300厘米。如果物品的规格超过上限，可建议客户分成多单快递，也可建议客户通过快运公司进行递送。

《快递服务》系国家邮政局制定的推荐性标准，所以在快递实务中，因运输工具的不同，对货物的重量、尺寸要求也有所不同（见表3-1），各快递公司的执行标准也有一定差异。

表 3-1　　　　　　　　　　　不同运输方式对单件快件规格的要求

运输方式	重量要求	尺寸要求	说明
公路运输	依照《快递服务》标准	依照《快递服务》标准	考虑车厢尺寸，装载方便
航空运输	窄体飞机：单件重量一般不超过80kg	窄体飞机：体积一般不超过 $40cm \times 60cm \times 100cm$	单件快件的长、宽、高之和不小于40cm，若低于此标准，需要对快件加大包装
	宽体飞机：单件重量一般不超过250kg	宽体飞机：体积一般不超过 $100cm \times 100cm \times 140cm$	
铁路运输	单件重量一般不超过50kg	零担货物体积不得小于 $0.02m^3$	考虑车厢、车门尺寸，保证装卸方便
水路运输	尚未形成快件运输行业规模		

2.执行三项安全制度

为加强快件收寄验视管理，维护寄递安全，保证将不符合规定与要求的物品封堵在寄递渠道之外，根据《中华人民共和国邮政法》《快递暂行条例》等法律、法规，国家邮政局、交通运输部先后分别颁布了《邮件快件收寄验视规定（试行）》《邮件快件实名收寄管理办法》《邮政业寄递安全监督管理办法》等部门规章和办法，并明确了收件过程的验视要求，主要包括实名收寄、收寄验视、过机安检三项制度。

（1）实名收寄。《邮件快件实名收寄管理办法》规定：邮政企业、快递企业邮政通信业务的企业（以下统称寄递企业）应当执行实名收寄制度，在收寄邮件、快件时，要求寄件人出示有效身份证件，对寄件人的身份进行查验，并登记身份信息（身份证识别仪如图3-7所示）。

图3-7　身份证识别仪

寄件人出示的有效身份证件包括：①居民身份证、临时居民身份证；②中国人民解放军军人身份证件、中国人民武装警察居民身份证件；③港澳台居民居住证、港澳居民来往内地通行证、台湾居民来往大陆通行证；④外国公民护照；⑤国家规定的其他有效身份证件。

按照国家规定，快递员核实寄件人身份信息后，需要将证件号码和寄递物品类别信息录入软件系统中，这个系统是由公安部门安装的特殊软件系统，直接上传至公安部后台数据库，确保快递物品来源可追溯，责任能倒查，违法必追究。

（2）收寄验视。《邮件快件收寄验视规定（试行）》规定：对用户交寄的邮件、快件，邮政企业、快递企业应当验视以下内容：①用户填写的邮件详情单或者快递运单上的信息是否完整、清楚；②用户填写的物品名称、类别、数量是否与交寄的实物相符；③用户交寄的物品及使用的封装材料、填充材料是否属于禁止寄递的物品；④用户交寄的限制寄递物品是否超出规定的范围；⑤用户是否按照法律、行政法规的规定出示身份证件或者其他书面凭证；⑥邮件、快件的封装是否满足寄递安全需要；⑦其他需要验视的内容。

有下列情形之一的，邮政企业、快递企业不予收寄：①用户拒绝当面验视的；②用户填写的邮件详情单或者快递运单信息不完整的；③用户在邮件详情单或者快递运单上填写的信息与其交寄的实物不符或者填写的信息模糊，并且拒绝修改或者拒绝重新填写的；④用户交寄禁止寄递物品或者使用的封装材料、填充材料属于禁止寄递物品，或者在内件物品、封装材料、填充材料中夹带禁止寄递物品的；⑤用户未按照法律、行政法规的规定出示身份证件或者其他书面凭证的；⑥用户交寄限制寄递的物品超出规定范围的；⑦用户交寄的邮件、快件不符合储存、转运安全要求的；⑧邮政企业、快递企业依法要求用户开拆所交寄的信件，用户拒绝开拆的；⑨法律、行政法规和国家规定的其他情形。

在验视过程中，快递员要请客户对快件开箱，并做到眼同验视。对于包装完整、精美的礼品类快件，可以要求客户提供发票等购物信息，待将快件带回网点后进行 X 光检查。对于验视后收寄的邮件、快件，邮政企业、快递企业应当以加盖验视章等方式做出验视标识，载明验视人员的姓名或者工号。如果客户不能提供有效身份证件或提供虚假信息，以及不能配合验视的，快递员可以拒收。

（3）过机安检。通过 X 光机对快件进行全面扫描，进一步保证快件符合寄递要求。此项检查需要快递员将快件带回网点或公司后进行，各快递公司也制定了过机安检的操作流程与规范。

3.对禁寄物品的规定

微课 3-3

为了保证国家政治、经济、社会发展和快递作业中的人身安全、快件安全和设施设备安全，防止不法分子利用快递渠道从事危害国家安全和其他公民生命、财产安全及合法权益的活动，国家对部分禁寄、限禁物品做出明确规定。快递员或营业网点在收件时要严格检验，拒绝接收禁寄物品或超出规定范围的限寄物品。

禁限寄物品及其处理

禁寄物品是指国家法律、法规禁止寄递的物品，主要包括：

（1）危害国家安全、扰乱社会秩序、破坏社会稳定的各类物品。

（2）危及寄递安全的爆炸性、易燃性、腐蚀性、毒害性、感染性、放射性等各类物品。

（3）法律、行政法规以及国务院和国务院有关部门规定禁止寄递的其他物品。

各种禁寄物品种类详见《禁止寄递物品指导目录》。各快递公司也进一步明确了禁寄物品的具体种类，并要求快递员与其他作业人员准确掌握识别与处置的方法。

知识卡片3-1　　　　　　　　　　　《禁止寄递物品指导目录》

一、枪支（含仿制品、主要零部件）弹药

1.枪支（含仿制品、主要零部件）：如手枪、步枪、冲锋枪、防暴枪、气枪、猎枪、运动枪、麻醉注射枪、钢珠枪、催泪枪等。

2.弹药（含仿制品）：如子弹、炸弹、手榴弹、火箭弹、照明弹、燃烧弹、烟幕（雾）弹、信号弹、催泪弹、毒气弹、地雷、手雷、炮弹、火药等。

二、管制器具

1.管制刀具：如匕首、三棱刮刀、带有自锁装置的弹簧刀（跳刀），其他相类似的单刃、双刃、三棱尖刀等。

2.其他：如弩、催泪器、催泪枪、电击器等。

三、爆炸物品

1.爆破器材：如炸药、雷管、导火索、导爆索、爆破剂等。

2.烟花爆竹：如烟花、鞭炮、摔炮、拉炮、砸炮、彩药弹等烟花爆竹及黑火药、烟火药、发令纸、引火线等。

3.其他：如推进剂、发射药、硝化棉、电点火头等。

四、压缩和液化气体及其容器

1.易燃气体：如氢气、甲烷、乙烷、丁烷、天然气、液化石油气、乙烯、丙烯、乙炔、打火机等。

2.有毒气体：如一氧化碳、一氧化氮、氯气等。

3.易爆或者窒息、助燃气体：如压缩氧气、氮气、氦气、氖气、气雾剂等。

五、易燃液体

如汽油、柴油、煤油、桐油、丙酮、乙醚、油漆、生漆、苯、酒精、松香油等。

六、易燃固体、自燃物质、遇水易燃物质

1.易燃固体：如红磷、硫磺、铝粉、闪光粉、固体酒精、火柴、活性炭等。

2.自燃物质：如黄磷、白磷、硝化纤维（含胶片）、钛粉等。

3.遇水易燃物质：如金属钠、钾、锂、锌粉、镁粉、碳化钙（电石）、氰化钠、氰化钾等。

七、氧化剂和过氧化物

如高锰酸盐、高氯酸盐、氧化氢、过氧化钠、过氧化钾、过氧化铅、氯酸盐、溴酸盐、硝酸盐、双氧水等。

八、毒性物质

如砷、砒霜、汞化物、铊化物、氰化物、硒粉、苯酚、汞、剧毒农药等。

九、生化制品，传染性、感染性物质

如病菌、炭疽、寄生虫、排泄物、医疗废弃物、尸骨、动物器官、肢体、未经硝制的兽皮、未经药制的兽骨等。

十、放射性物质

如铀、钴、镭、钚等。

十一、腐蚀性物质

如硫酸、硝酸、盐酸、蓄电池、氢氧化钠、氢氧化钾等。

十二、毒品及吸毒工具、非正当用途麻醉药品和精神药品、非正当用途的易制毒化学品

1.毒品、麻醉药品和精神药品：如鸦片（包括罂粟壳、花、苞、叶）、吗啡、海洛因、可卡因、大麻、甲基苯丙胺（冰毒）、氯胺酮、甲卡西酮、苯丙胺、安钠咖等。

2.易制毒化学品：如胡椒醛、黄樟素、黄樟油、麻黄素、伪麻黄素、羟亚胺、邻酮、苯乙酸、溴代苯丙酮、醋酸酐、甲苯、丙酮等。

3.吸毒工具：如冰壶等。

十三、非法出版物、印刷品、音像制品等宣传品

如含有反动、煽动民族仇恨、破坏国家统一、破坏社会稳定、宣扬邪教、宗教极端思想、淫秽等内容的图书、刊物、图片、照片、音像制品等。

十四、间谍专用器材

如暗藏式窃听器材、窃照器材、突发式收发报机、一次性密码本、密写工具、用于获取情报的电子监听和截收器材等。

十五、非法伪造物品

如伪造或者变造的货币、证件、公章等。

十六、侵犯知识产权和假冒伪劣物品

1.侵犯知识产权：如侵犯专利权、商标权、著作权的图书、音像制品等。

2.假冒伪劣：如假冒伪劣的食品、药品、儿童用品、电子产品、化妆品、纺织品等。

十七、濒危野生动物及其制品

如象牙、虎骨、犀牛角及其制品等。

十八、禁止进出境物品

如有碍人畜健康的、来自疫区的以及其他能传播疾病的食品、药品或者其他物品；内容涉及国家秘密的文件、资料及其他物品。

十九、其他物品

《危险化学品目录》《民用爆炸物品品名表》《易制爆危险化学品名录》《易制毒化学品的分类和品种目录》《中华人民共和国禁止进出境物品表》载明的物品和《人间传染的病原微生物目录》载明的第一、二类病原微生物等，以及法律、行政法规、国务院和国务院有关部门规定禁止寄递的其他物品。

想一想：当快递员收到各种禁寄物品时，都应该怎样处理？

4.对限寄物品的规定

国家为适应控制某些物品流通和保护某些物品特许经营权的需要，将一些物品的寄递限定在一定范围内，这就是限寄。限寄规定是本着既照顾和方便顾客的合法需要和正常往来，又限制投机倒把和走私违法行为而制定的。限定的范围包括货物数量上的限制和价值上的限制，即限量和限值。限量和限值的具体规定根据海关或国家的标准变化而有所调整，具体以海关当天公布的要求为准。当超过限寄标准时，快递员要向客户做好解释工作，对超出部分做拒收处理。

（1）限量。根据限量的有关规定，在国内范围互相寄递的物品，如卷烟、雪茄烟每件以两条（400支）为限。两种合寄时也限制在400支以内。如果寄递烟丝、烟叶，每次均各以5千克为限，两种合寄时不得超过10千克。每人每次限寄一件，不准一次多件或多次交寄。

（2）限值。对于寄往我国港澳台地区和国外的快件，除了需遵守限量规定外，还应遵守海关有关限值的规定。

例如，海关总署《关于调整进出境个人邮递物品管理措施有关事宜》（2010年第43

号公告）规定，个人寄自境外的进境物品，每次限值为 2 000 元人民币。个人寄往港、澳、台地区的物品，每次限值为 800 元人民币；寄往其他国家和地区的物品，每次限值为 1 000 元人民币。个人邮寄进出境物品超出规定限值的，应办理退运手续或者按照货物规定办理通关手续。但邮包内仅有一件物品且不可分割的，虽超出规定限值，经海关审核确属个人自用的，可以按照个人物品规定办理通关手续。《中华人民共和国海关对旅客携带和个人邮寄中药材、中成药出境的管理规定》（海关总署令第 12 号）对个人邮寄中药材、中成药的价值也进行了限制性规定。

此外，在国际快递业务中，除了我国海关制定了禁寄、限寄物品目录外，其他国家海关也有禁寄或限寄要求，标准不一而同。因此快递员和门店在收派国际快件时要格外留意，加强验视工作，保证快件符合海关的要求，这部分内容在此不做详细介绍。

5.对异常情况的处理

对收寄过程中常见异常情况的处理见表 3-2。

表 3-2   收寄过程中常见异常情况的处理

异常类型	处理要求
取件时发现到付金额大于 300 元	取件人员应与客户沟通，解释公司要求，并请客户改为现金结算
取件地址超范围	如收件人地址超出公司服务范围，向客户解释好公司的操作服务范围无法满足寄递要求，建议客户选择其他快递公司
时效无法满足	如快件为生鲜类物品，时效无法满足，向客户做好解释工作，建议客户选择其他快递公司
发现禁、限寄物品	立即告知客户国家及公司对禁、限寄物品的规定，对禁寄物品和超过限寄标准的物品做拒收处理
货物过大或过重无法取回	立即向网点反馈情况，等待网点安排车辆与人员支援，或与客户沟通，另约时间上门取件
货物包装不合格	建议客户更换包装，或协助客户重新包装

（四）包装

包装是指在寄递过程中为保护快件安全，方便其储存、运输，采用适合的封装用品、填充物和辅助物等，按照一定的技术方法进行的操作活动（《快递服务》GB/T 27917-2023）。因此，在对快件的包装中，既要考虑包装材料，也要保证包装操作的规范性。

1.包装的原则

（1）保护内件。这是快递包装的首要功能，包装材料的选择要有利于保护货物，要防冲击和挤压，保证快件在运输、投递过程中的完好无损。

（2）适合运输。包装材料应坚固、完好，能够防止在运输过程中发生破裂、内件漏出、散失，能够避免在作业中伤害操作人员或污染各种设施设备和其他物品。

（3）便于装卸。包装材料除应适合快件的性质、状态和重量外，还要整洁、干燥、没有异味和油渍；包装外表面不能有突出的钉、钩、刺等，要便于搬运、装卸和摆放。

（4）适度包装。根据快件性质、尺寸、重量、运输要求，选择合适的外包装和填充物，避免过度包装和过弱包装。过度包装会造成包装材料的浪费，过弱包装则无法有效地保护快件。

2.包装材料

（1）包装材料

微课 3-4

按《快递服务》（GB/T 27917-2023）的规定，包装材料主要有封套、包装箱、包装袋等。在日常快件包装时，还可使用编织袋、包装筒、泡沫箱、木制包装箱等（见表3-3）。

快件包装常用材料

表 3-3 快递包装材料

包装材料	说明	适用条件	图例
封套	以纸板为主要原料，经模切、印刷和粘合等加工后，制成提供给用户使用的可装载快件的信封式封装用品	常用于包装厚度不超过1厘米且不易破碎、抗压的印刷品，或其他小件物品	
包装箱	以瓦楞纸板为主要原料，经模切、压痕、印刷和钉合等加工后，制成提供给用户使用的可装载快件的箱式封装用品	成本低、重量轻，防水，常用于包装服装、印刷品及耐摔的普通小样物品	
包装袋	提供给用户使用的可装载快件的袋式封装用品	应用最广泛的包装制品，有各种规格和型号，常用于包装易碎、易变形的物品或手表、电子仪器等贵重物品	
气泡膜包装袋	以树脂为主要原料，内衬有气泡，具有坚韧和防震功效，能够更好地保护袋内物品	适用于书籍、服装和其他易碎快件的包装	

包装材料	说明	适用条件	图例
塑料编织布包装袋	以树脂为主要原料，俗称"编织袋"，有多种规格，承装能力可达到50kg以上	多用于总包，也可用于不易损坏的大件或批量货物的包装	
包装筒	强度较高，抗变形能力较强，一般由产品生产厂家直接提供	可用于运输包装、外包装，也可用于内包装，快递中用于易损坏或易折损物品的包装，如大幅工程图纸、字画等	
泡沫箱	是以泡沫塑料（多孔塑料）为材料制成的箱式包装容器，保温效果好	主要用于生鲜、果蔬类等需要低温储存的物品，可以与冰袋组合使用	
木箱	以木板、木条为主要原料，承重和抗压能力强，抗震效果好，有木板箱和框架箱两种	主要用于各种仪器、设备的包装	

　　交通运输部2021年制定的《邮件快件包装管理办法》规定：寄递企业应当按照规定使用环保材料对邮件快件进行包装，优先采用可重复使用、易回收利用的包装物，优化邮件快件包装，减少包装物的使用，并积极回收、利用包装物。

（2）填充材料

填充材料主要是指在快件中填充于内件和外包装之间的、能够起到缓冲和保护作用的各类物品，如图3-8所示。

气泡膜

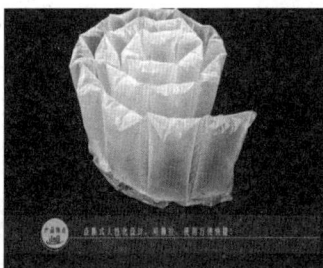

充气枕

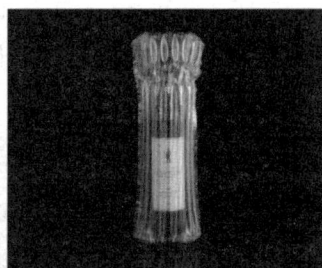

充气柱

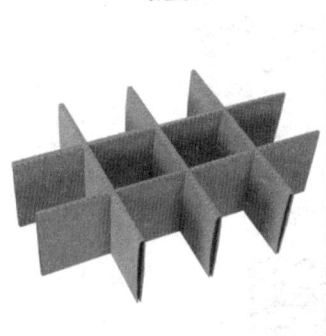

分隔段

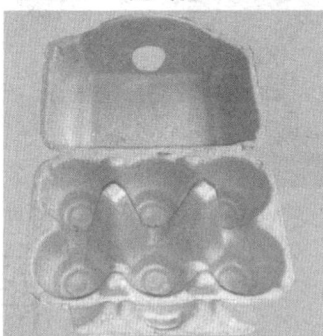

纸浆模塑填充物

珍珠棉泡沫

定型泡沫

纸填充物

海绵块

气泡垫

图3-8　常用的填充材料

出于包装材料环保化的考虑，应尽量减少填充材料的使用，并禁止使用有毒物质作为邮件快件的填充材料。

（3）辅助材料

辅助材料是指在对快件进行包装的过程中起辅助作用的材料的总称。其主要包括胶带、打包带、标识贴等（如图3-9所示），也包括打包设备，如胶带打包器、打包机、缠膜机等。

封箱胶带

可降解胶带

打包带

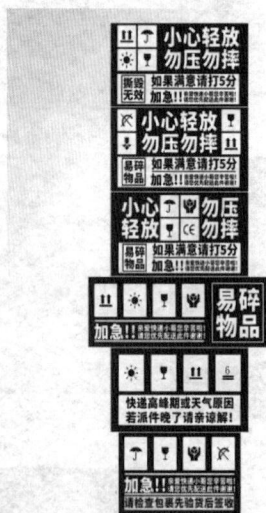
快递标识贴

图3-9 常用的包装辅助材料

微课3-5

快件包装作业

3.快件包装操作

（1）包装作业流程：①根据内件种类、重量、尺寸等选择适合的包装材料和规格；②按"大不压小，重不压轻"的原则，合理摆放物品；③进行必要的填充；④封箱；⑤进行封箱效果检查；⑥如有需要，粘贴标识贴。

（2）包装材料的选择与作业要求。寄递企业应当根据包装箱内装物最大质量和最大综合内尺寸,选用合适的包装箱,具体见表3-4。

表3-4   快件包装材料的选择与作业要求

包装物分类	适用物品	作业要求
信封、封套	文件、发票、磁卡	将文件、发票、磁卡等装入信封、封套内封口
包装袋	服装、鞋靴、家纺	将服装、鞋靴、家纺等装入包装袋内封装
	纸尿裤、湿巾	
包装箱、充气枕	体育用品	将物品装入包装箱内,使用充气枕填充空隙,使物品在箱内不晃动
	休闲食品	
	数码配件	
包装箱、气泡垫	手机	使用气泡垫包裹物品,装入包装箱内。酒类运输时宜使用大气泡垫进行包裹。饮料冲调跨区运输时,宜使用大气泡垫包裹
	洗发水	
	酒类	
	粮油、调味品	
	饮料冲调	
	箱包	
	珠宝首饰	
	个护健康、家电	
包装箱、聚乙烯软质泡沫	笔记本电脑、台式机	使用聚乙烯软质泡沫包裹物品,装入包装箱内。水果长途运输时,宜在箱内增加隔板防护。鲜花宜使用限位包装箱,根部使用营养液。台式机宜使用聚乙烯软质泡沫进行上下部分防护,装入包装箱内
	洗衣清洁剂	
	蔬菜、鲜花、水果	
	玩具	
	厨具、灯具	
包装箱、充气柱	奶粉辅食	使用预制的充气柱包裹物品,装入包装箱内。大型水果宜使用高强度充气柱,装入高强度包装箱内
	红酒	
	玻璃杯	
	大型水果	
	大家电	
	灯具	

(3)封装或捆扎。《邮件快件包装管理办法》规定:寄递企业应当优先使用宽度较小的胶带,在已有粘合功能的封套、包装袋上减免使用胶带。鼓励寄递企业使用免胶带设计的包装箱。不得过多缠绕胶带。应尽量选用可降解胶带,在使用胶带和捆扎带时,

以够用为原则，减少消耗量。

第一，胶带封箱方法。《邮件快件绿色包装规范》规定，利用胶带封箱时，主要有"一字形""十字形""廿字形"，具体方法详见表3-5。

表3-5 　　　　　　　　　　　　　　　　　胶带封箱方法

封箱方法	适合箱型	图例
一字形	1号包装箱：内装物最大质量3千克，最大综合内尺寸450毫米； 2号包装箱：内装物最大质量5千克，最大综合内尺寸700毫米； 使用胶带的长度不超过最大综合内尺寸的1.5倍	
十字形	3号包装箱：内装物最大质量10千克，最大综合内尺寸1 000毫米； 4号包装箱：内装物最大质量20千克，最大综合内尺寸1 400毫米； 5号包装箱：内装物最大质量30千克，最大综合内尺寸1 750毫米； 使用胶带的长度不超过最大综合内尺寸的2.5倍	
廿字形	6号包装箱：内装物最大质量40千克，最大综合内尺寸2 000毫米； 7号包装箱：内装物最大质量50千克，最大综合内尺寸2 500毫米； 使用胶带的长度不超过最大综合内尺寸的4倍	

第二，捆扎带封箱方法。当内装物质量超过30千克或者有特殊寄递要求时，使用捆扎带进行封扎。捆扎带的打包方法主要有"十字形""廿字形""井字形"，详见表3-6。

表3-6 　　　　　　　　　　　　　　　　　捆扎带打包方法

捆扎方法	适合箱型	图例
十字形	适用于体积相对较小且长宽高三边长相差不大的快件，可以是正方体、长方体、底面直径与高的长度相近的圆筒形状或形状不规则的偏圆的快件，在两个底面呈"十"字形结构，其他四个面是"1"字形结构	
廿字形	适用于体积相对较大且长度较长的快件，可以是长方体、粗长条、长圆筒形状的快件。快件的上下两底面呈"廾"字形，两个侧面为"1"字形。如快件特别长且特别粗，可在长方向上多几次打包	
井字形	适用于体积很大的矩形快件，为了便于搬运和装卸，对快件做"井"字形打包；上下两底面呈"井"字形，四个侧面的打包带呈两条平行线。如快件需要特别保护，可沿侧面再做"井"字形打包	

知识卡片 3-2　　　　　　　　　快递包装如何"瘦"下去？

日均业务量约 3 亿件、日均服务用户超过 5 亿人次，随着我国快递业飞速发展，包装浪费和环境污染问题也日益凸显。如何让快递包装"瘦"下去，成了行业对绿色包装的诉求。

据国家邮政局相关负责人介绍，在邮件快件包装中，纸箱的回收利用率很高，污染和浪费主要集中在快递塑料袋包装上。塑料袋、塑料胶带、快递内部塑料缓冲物并称为快递业的"三大污染"。

以 2020 年快递包裹 830 亿件为例，根据有关调研报告，快递包裹 40% 是塑料袋，50% 是纸箱，10% 是文件封。据此估算，快递塑料袋共消耗聚乙烯 48 万吨，相当于耗费 2 000 万吨石油。

"要真正减少快递过度包装所产生的环境污染，必须从源头减量，按规定使用环保材料。"国家邮政局市场监管司副司长管爱光表示。2021 年 4 月，国家邮政局正式启动过度包装专项治理，争取利用一年时间，有效遏制过度包装等违法违规行为，初步构建防止过度包装的长效工作机制；推动出台《限制快递过度包装要求》行业标准，结合行业实际进一步细化过度包装的认定依据，方便全行业操作执行。

目前，全国电子运单使用基本实现全覆盖，电商快件不再二次包装率达 75%，可循环中转袋全网应用率达 93.8%，每年可替代传统的一次性塑料编织袋 43 亿条；45 毫米以下瘦身胶带使用率达 96.4%，相较传统胶带减少塑料胶带使用 20% 以上；共有 9 万个邮政快递网点设置了包装废弃物回收装置，年可回收使用包装箱 2 亿个。邮件快件包装绿色化、减量化和循环化均取得明显进展。

此外，相关企业也在积极行动。2018 年，中国邮政集团有限公司率先启动"绿色行动"，开展绿色包装。比如，推广应用窄胶带，推广"一字""十字""井字"科学打包法，避免胶带过度缠绕。2020 年全年胶带使用量比 2017 年减少 5 亿米，少用 40 亿张纸质面单，节约 2 万吨纸张。目前，苏宁物流共享快递盒投放使用累计超过 1 亿次，生鲜循环箱在 45 个城市实现常态化应用，每天节省的泡沫箱超过 5 万个。

时任国家邮政局副局长赵民坦言，近年来，国家邮政局践行新发展理念，实施可持续发展战略，扎实推进快递包装绿色治理，在快递包装绿色化、减量化和循环化等方面取得积极进展，快递运单小了，胶带瘦了，纸箱薄了，油墨减了，可循环包装应用多了。但快递包装绿色治理还有一些亟待补齐的短板。例如，绿色供给相对不足，针对全链条的法治体系尚不健全，上下游协同治理的力度仍然相对不足，产学研衔接有待加强。

邮件快件包装涉及生产企业、寄递企业和用户等多个主体。加强邮件快件包装管理，需要多方协同共治。为推动公共机构积极参与绿色快递建设，促进绿色低碳发展，国家邮政局近日联合国家机关事务管理局启动"绿色快递进机关"活动，旨在对推进全社会绿色低碳发展起到积极的示范引领作用。

赵民表示，要以"绿色快递进机关"活动为契机，推进绿色快递建设。一方面，要提升环保意识，提倡简约包装，对非环保快递包装材料说"不"，拒绝过度包装和随意包装；另一方面，要贯彻循环经济理念，优先选择使用可循环快递包装，设置快递包装回收设施，促进快递包装回收再利用。此外，还要加强宣传，影响和带动更多的人参与绿色快递建设行动。

资料来源　吉蕾蕾. 快递包装如何"瘦"下去［EB/OL］.［2021-08-30］. https：//baijiahao.baidu.com/s？id=1709474029846812060&wfr=spider&for=pc.

想一想：对于实行绿色包装、适度包装，你有什么好的想法和建议？

（4）包装效果检查。对快件包装后，要进行效果检查，见表3-7。

表3-7　　　　　　　　　　　　　　快递包装效果检查

检查项目	检查内容
看	检查外包装是否有明显的破损或撕裂，应粘贴的标签是否粘好
嗅	对于药品等包装，可以通过嗅觉确认是否有异味、渗漏
听	晃动包装件，听是否有声音，如有则需打开包装检查原因，防止尖锐物划伤产品
感	晃动包装件，感知产品与包装物壁或产品之间有无碰撞，如有则需打开包装，进行填充
搬	观察是否有重心偏移的现象，如有则需打开包装，重新定位内部产品

（5）粘贴标识贴。它是指按快件的特点，对于易碎、保价、自取、陆运、航空等快件，在包装上用贴纸、图形或文字的形式标明，用来指示运输、装卸、处理人员在作业时需要注意的事项，以保证快件的安全。根据标识贴不同的警示内容，粘贴的位置不同，要保证在作业时，能够及时注意到标识，方便按标识的要求进行规范操作。

其一，正面粘贴：与分拣直接相关的标识，为便于分拣操作，将其与运单粘贴在同一表面，如国际件标识、自取件标识等。

其二，侧面粘贴：向上摆放、防辐射等标识应粘贴在快件侧面，便于搬运、码放时识别。

其三，三角粘贴：需要多面见到的标识，可以粘贴在包装箱的角上，包住角落的三个方向。如易碎标识，应斜贴在快件粘贴运单的正面角落，另外两个角粘贴在其他两个侧面。

其四，沿骑缝线粘贴：封箱操作时使用，有密封不允许打开的标识，每个快件至少粘贴两张，要求每个可拆封的骑缝线都要粘贴。例如，保价贴应粘贴在每个骑缝线上，起到封条的作用，以提醒在运输过程中不允许拆开包装。

（6）包装操作的注意事项。

其一，禁止使用一切报刊类物品作为快件的外包装，如报纸、海报、杂志等。

其二，对于价值较高的快件，用包装箱进行包装，包装时应使用缓冲材料。

其三，对于一票多件的快件，如果是国际快件，必须按照一票多件操作规范进行操作；如果是国内快件，单票重量不超过 1 千克，且每个快件外包装形状相同，体积最大的快件一侧面积小于运单的，可以多件捆扎寄递，但同时必须在连体快件上批注运单号码，并将连体快件捆扎牢固。

其四，对于重复利用的旧包装材料，须清除原有运单及其他特殊的快件标记后方可使用，以避免因旧包装内容而影响快件的流转。

其五，用透明胶带封箱时，须用剪刀等工具裁断胶带，不可用牙齿咬断。

（五）称重计费

1. 快件称重

在进行快件称重时，既要测量重量，还需测量其尺寸，主要使用的工具有便携式电子秤、电子计量秤、各类卷尺等。

（1）便携式电子秤。它是快递员上门收件时必备的称重设备，在使用时应注意：①快件应钩于电子秤吊钩的中央部分；②待快件悬挂静止后读数；③手提吊环，勿手握外壳称量；④保持电子称电量充足；⑤加载时勿超过安全负荷，避免长时间起吊，确保传感器使用寿命。

（2）电子计量秤。它主要在快递网点内使用，在使用过程中应注意：①将电子计量秤放置在平稳的台面或地面上；②开机显示结束后进入计重模式，"零位"标志和"千克"指示标志出现，可以开始称量；③电子计量秤不能长期在去皮状态下使用，否则零位自动跟踪功能消失，零位会产生漂移。

（3）卷尺。其包括钢卷尺、皮卷尺、量衣皮尺等，主要用于：①对快件包装箱的外尺寸进行测量（长、宽、高）；②如果快件外包装为不规则形状，则以外包装的最长、最宽、最高处测量值作为快件的尺寸值。

2. 确定计费重量

微课 3-6

快件的种类与特性各不相同，有的快件重量大、体积小，属于普通货；有的快件重量小、体积大，属于轻泡货。普通货与轻泡货在计算资费时的重量依据是不同的。《快递服务》（YZ/T 0128-2007）规定的重量计费原则是：计费重量应取快件的实际重量和体积重量两者中的较大值。

计算快递运费

（1）普通货：指每千克货物的体积小于 $6\,000\,cm^3$（航空运输）或小于 $12\,000\,cm^3$（非航空运输）的快件。

（2）轻泡货：指每千克货物的体积大于 $6\,000\,cm^3$（航空运输）或大于 $12\,000\,cm^3$（非航空运输）的快件。

（3）实际重量：是指寄递快件时包括包装在内的实际总重量，即称上直接读取的重量。

（4）体积重量：是运输行业计算轻泡货物重量的方法。体积重量利用折算公式将货物的体积折算成重量，单位为千克。按照运输方式的不同，折算公式为：

航空运输：体积重量（kg）＝长（cm）×宽（cm）×高（cm）÷6 000

非航空运输：体积重量（kg）＝长（cm）×宽（cm）×高（cm）÷12 000

如果快件包装不规则，则以外包装的最长、最宽、最高值进行换算。

（5）计费重量：用于计算快递服务费用的重量，即实际重量与体积重量中较大的一方。其计算公式为：

计费重量=max ｛实际重量，体积重量｝

（6）重量的计量单位：国家尚无统一的规定，各快递公司都制定了自己的标准。当前，大多数快递公司的国内快件，在重量的测量与换算过程中，都是以千克和厘米为单位，并采用"进一取整"法。如在测量尺寸时，15.1厘米和15.85厘米均按16厘米计算；在称重时，3.15千克和3.9千克都按4千克计算。

此外，有些快递公司采用的是"四舍五入"法，并保留小数点后一位，如3.14千克按3.1千克计算，而3.15千克就按照3.2千克计算。有的快递公司在国际快件中，以0.5千克为计量单位。

3.资费的计算

（1）首重续重法。将快件的计费重量分为首重（快递公司根据习惯确定的起算重量，多为1千克）和续重（即计费重量减去首重剩余的重量，续重=计费重量-1），各部分按不同的单价计费，最后相加得到快递资费，即：

快递资费（元）=首重价格（元）+续重单价（元/千克）×续重（千克）

（2）单价计费法。部分小型快递公司采用单价计费法进行资费的计算。单价计费法是指将快件的计费重量与运费单价直接相乘来确定运费，而不区分首重和续重。

（3）国际快件资费的计算。国内各快递公司在进行国际快件资费计算时，与国内快件有以下三点不同：①国际快件一般以0.5千克为计费单位。②国际快件一般另外收取燃油附加费，燃油附加费是反映燃油价格变化的附加费用，一般随国际油价的浮动而变化，快递企业一般每周或每月动态调整燃油附加费率。③如果由国内向国外寄递快件，并选择到付方式，则收件人在到达国支付的费用为在我国计算的运费除以外币兑换人民币的汇率。

4.保价快件

微课3-7

快件的保价
与保险

保价快件是指客户向快递企业申明快件价值，快递企业和客户之间协商约定由寄件人承担基础资费之外的保价费用的快件。快递公司以快件申明价格为限，承担快件在收派、处理和运输过程中发生的遗失、损坏、短少等赔偿责任。

保价快件是对客户非常重要或价值比较昂贵的货物。为避免产生各种问题而给客户和公司造成损失，快递员在收件时需要特别注意：

（1）认真检查快件的质量和数量，保证快件质量完好，实际数量与运单上标注的数量一致。

（2）注意快件的申报价值是否与实际价值相符，快件在办理保价时可以请发件人提供价值证明（如发票等），申报价值不得超过实际价值。一般情况下，快递公司会规定快件保价的最高限额：文件类快件申报价值不超过2 000元，非文件类快件不超过20 000元。

（3）注意对保价快件的包装。

其一，保价快件必须严密包装，不能裸露，内部填充无间隙，15千克以上的快件必须使用打包带进行"井字形"包装。

其二，电脑、手机等易碎、易损的电子产品，必须使用其原包装；液晶电视机、显示屏等原包装必须加木框保护。

其三，必须粘贴保价快件标识。保价快件必须使用保价标识提醒各操作环节注意保护快件安全。有的快递企业在包装箱的两个表面的骑缝线上粘贴保价标识，并请客户在封签上签名，确保只有在破坏封签后才能打开包装。

（4）为了能够及时发现保价快件是否缺少，并进行相应处理，快递企业一般会对保价快件称重的精确度提出较高要求。

（5）保价费的计算。各快递公司保价费标准不同，一般是申报价值如果在一定额度（如2 000元）以下，保价费为定额；如果申报价值超过这个额度，则按申报价值的一定比例计算保价费，多为3‰～5‰。

（6）运单的填写。在保价快件的运单上必须勾选"保价"，且保价费和运费要分别在运单上标明，物品品项、数量必须填写清楚，不能含糊不清，有的快递公司会使用专用的保价运单。

（7）快件交接。快递员回到营业网点，应与网点处理人员在监控范围内进行保价快件的交接。保价快件要单独进行交接，并在交接验收后进行登记确认（见表3-8），避免与其他普通快件混交。

表3-8　　　　　　　　保价快件登记表　　　　　年　月　日

序号	单号	品名	包装	始发地	目的地	重量/kg	价值/元	备注

收件人：　　　　　　　　　　处理人：

再次称重，保证快件的实际重量与运单上的标注重量一致。

5.保险

（1）快件保险的含义。快件保险是指客户在寄递快件时，除缴纳运费外，还按照快递企业指定的保险公司承诺的保险费率缴纳保险费的快件。如果保险快件在传递过程中发生延误、丢失、毁损以及内件不符等问题，客户有权向承保的保险公司提出索赔要求。

快件保险是一种增值服务，由快递公司代客户办理。客户购买了保险后，保险公司将对快件"在运输途中由外在因素导致的物理损失和丢失"进行赔偿，赔偿金额包括快件的重置或修理成本及运费。

（2）保险费率。对于国内快件，支付投保金额的0.5%，最低保险费人民币40元；

对于国际快件：支付投保金额的1%，最低保险费人民币80元。

知识卡片3-3　　　　　　　　　保价与保险的异同

保价快件与保险快件的异同见表3-9。

表3-9　　　　　　　　　　保价快件与保险快件的异同

异同	保价快件	保险快件
不同点	风险由个人转移到快递企业	风险由个人和快递企业转移到保险公司
	当事人包括客户、快递企业	当事人有客户、快递企业、保险公司、第三方评估机构
	风险范围只包含快递企业责任造成的损失	风险范围包括快递企业责任、第三方侵权行为、不可抗力三种情况造成的损失
	对于不易确定和计量实际价值的快件，允许办理保价，但一般设置最高限额	承保的损失必须是可确定和可计量的
	保价条件下支付的是"保价附加服务费"，属于快递公司营业款，风险由快递公司承担	保险条件下支付的是"保险费"，不属于快递公司营业款，风险由保险公司承担
	理赔程序较简单，提供单证较少	理赔程序烦琐，要提供相关单证
	理赔支出由快递公司自行消化，资金投入量大；快件价值界定难度大，容易导致多赔、少赔或不赔等情况，甚至引发法律纠纷	快递公司与一家或几家保险企业签订合作协议，快递企业客户量巨大，可以争取优惠的保险费率
相同点	客户均在运费以外额外支付了费用	
	客户寄递的物品发生灭失、损坏、短少后获得赔偿	
	客户寄递物品的声明价值均不得超过物品的实际价值	

想一想：快件的保价和保险都能使客户在寄递物品出现各种损失的情况下得到一定的赔偿，那么你在寄递快件时，选择保价还是保险？为什么？

6.其他营业款

（1）包装费。它是指快递企业为了更好地保护快件安全，为寄件人提供专业包装而产生的费用。如果快递员使用的是本公司的包装材料，一般只收取包装材料费，不收取人工费；如果快递员代替客户向外寻找专业的包装服务，则按包装服务提供者的标准代收包装费用，包括材料费用和人工费用。

（2）代收货款。它是指快递服务主体接受委托，在投递快件时，向收件人收取货款的服务（《快递服务》GB/T 27917-2023）。此业务是快递公司为发货方（多为电商类客户）提供的附加服务，当快递员派件时，需要收货人将货款先行支付给快递员，方能取得快件；快递员再将所收货款交回公司，由公司与发货方另行结算。

代收货款的业务流程与操作步骤和保价快件大致相同，需要注意的是：①收派员派送代收货款快件时，宜携带验钞机或POS机，快递服务主体应提供足够的防护措施，加强对收派员人身安全的保护。②代收货款的结算周期不应超过快件妥投后1个月，有条件的快递服务主体可适当缩短结算周期，与用户另有约定的从其约定。③快递服务主体应建立代收货款信息档案，如实记录寄件人、收件人的信息和贷款金额等内容，档案保存期限不应少于一年。

此外，快递员要验视发货方是否有代收货款的相关单据。当发货方有代收货款的需求时，一般会事先与快递公司签订代收货款的委托协议，并向快递公司提供相关单据，如发票等。在收件时，快递员应检查单据是否齐备，且金额与运单上的代收金额是否一致；在外包装上要粘贴代收货款标识或使用专用的代收货款运单；快递员回到网点后，在与处理人员的交接与登记过程中，还要再次核对运单上的代收金额与单据上的金额是否一致（见表3-10）。

表3-10　　　　　　　　代收货款快件登记表

年　月　日

序号	单号	品名	包装	始发地	目的地	重量/千克	代收金额/元	备注

收件人：　　　　　　　　　处理人：

7.费用的收取方法

在收取费用时，客户可以选择到付、预付、第三方付费等方式；可以现场结算，也可以记账；可以选择用现金支付、电子支付、刷卡支付、支票支付等。这些内容在项目一任务1中已有介绍，在此不再赘述。

（六）填写与粘贴运单

1.认识运单

运单也称快递详情单，是用于记录快件原始收寄信息及服务约定的单据。

微课3-8

运单的认知

运单是寄件人与快递公司签订的服务合同，当寄件人以物品所有人或代理人的名义填写并签署运单后，双方的合同关系即成立，并要共同遵守运单及其背书条款，并受法律保护。运单的作用有：①是寄件人与快递公司之间签订的寄递合同；②快递公司签发的已接收快件的证明；③付费方式和快递公司据以核收费用的账单；④是出口快件的报关单证之一；⑤是快递公司安排内部作业的依据。

2.运单的种类与内容

运单有不同的分类方法，如按运单的作用来分，可分为普通运单、时效运单、保价运单、代收货款运单、回单、国际运单等。按照运单的形式划分，主要有以下两种：

（1）纸质运单。它是传统的运单形式，由运单正面信息和背面的服务协议（格式合同）组成（如图3-10、图3-11、图3-12、图3-13所示），填写的信息可以手写，也可以用打印机打印。

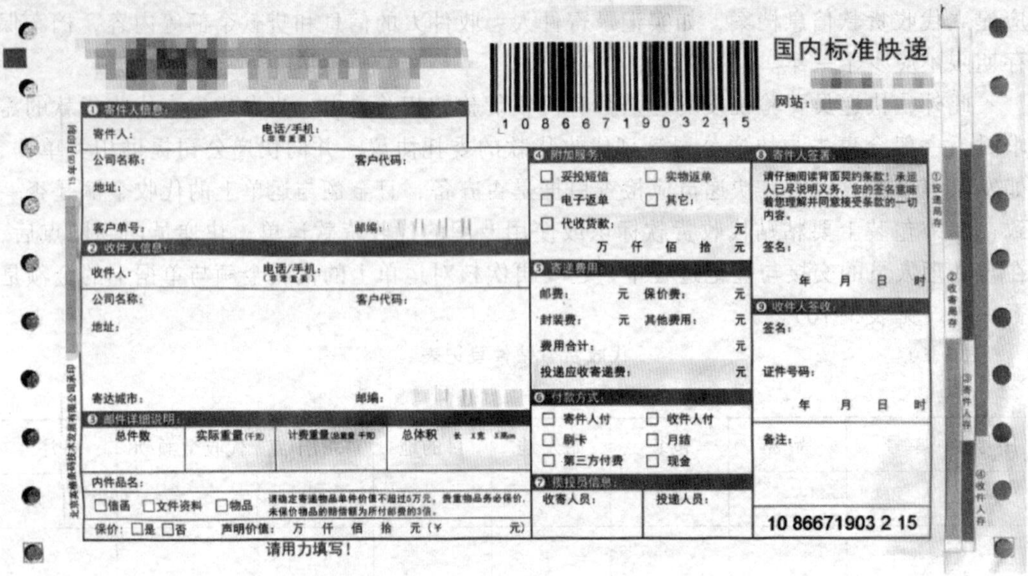

图3-10 某快递纸质运单正面（一）

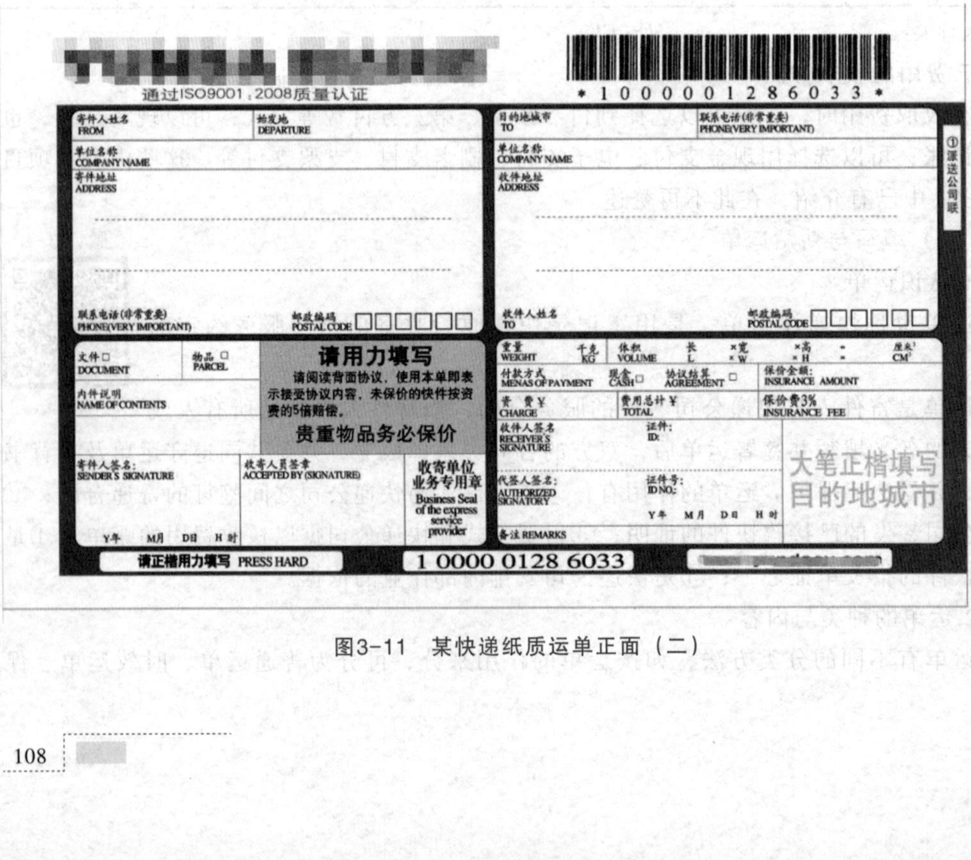

图3-11 某快递纸质运单正面（二）

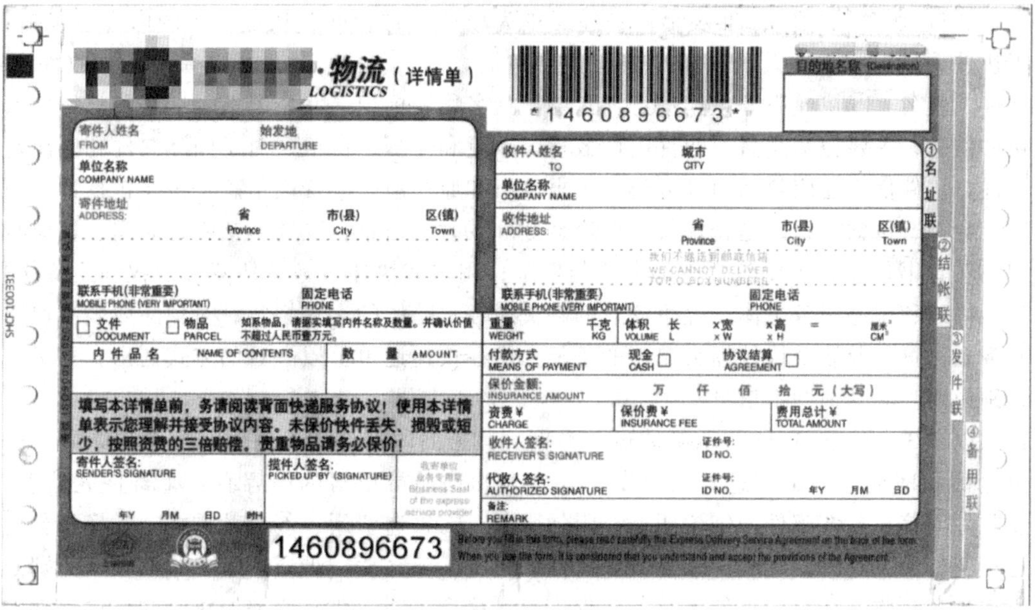

·物流（详情单）
LOGISTICS

1460896673

目的地名称 (Destination)

寄件人姓名 FROM　始发地 DEPARTURE
单位名称 COMPANY NAME
寄件地址 ADDRESS:　省 Province　市(县) City　区(镇) Town
联系手机(非常重要) MOBILE PHONE (VERY IMPORTANT)　固定电话 PHONE
□文件 DOCUMENT　□物品 PARCEL　如系物品，请据实填写内件名称及数量。并确认价值不超过人民币壹万元。
内件品名 NAME OF CONTENTS　数量 AMOUNT
填写本详情单前，务请阅读背面快递服务协议！使用本详情单表示您理解并接受协议内容。未保价快件丢失、损毁或短少，按照资费的三倍赔偿。贵重物品请务必保价！
寄件人签名: SENDER'S SIGNATURE　年Y　月M　日D　时H
揽件人签名: PICKED UP BY (SIGNATURE)

收件人姓名 TO　城市 CITY
单位名称 COMPANY NAME
收件地址 ADDRESS:　省 Province　市(县) City　区(镇) Town
我们不递送到邮政信箱 WE CANNOT DELIVER TO P.O. BOX NUMBERS
联系手机(非常重要) MOBILE PHONE (VERY IMPORTANT)　固定电话 PHONE
重量 WEIGHT　千克 KG　体积 VOLUME　长 L　×宽 ×W　×高 ×H　=　厘米³ CM³
付款方式 MEANS OF PAYMENT　现金 CASH □　协议结算 AGREEMENT □
保价金额: INSURANCE AMOUNT　万　仟　佰　拾　元（大写）
资费¥ CHARGE　保价费¥ INSURANCE FEE　费用总计¥ TOTAL AMOUNT
收件人签名: RECEIVER'S SIGNATURE　证件号: ID NO.
代收人签名: AUTHORIZED SIGNATURE　证件号: ID NO.　年Y　月M　日D
备注: REMARK

①名址联　②结帐联　③发件联　④备用联

1460896673

Before you fill in this form, please read carefully the Express Delivery Service Agreement on the back of the form. When you use the form, it is considered that you understand and accept the provisions of the Agreement.

图3-12　某快递纸质运单正面（三）

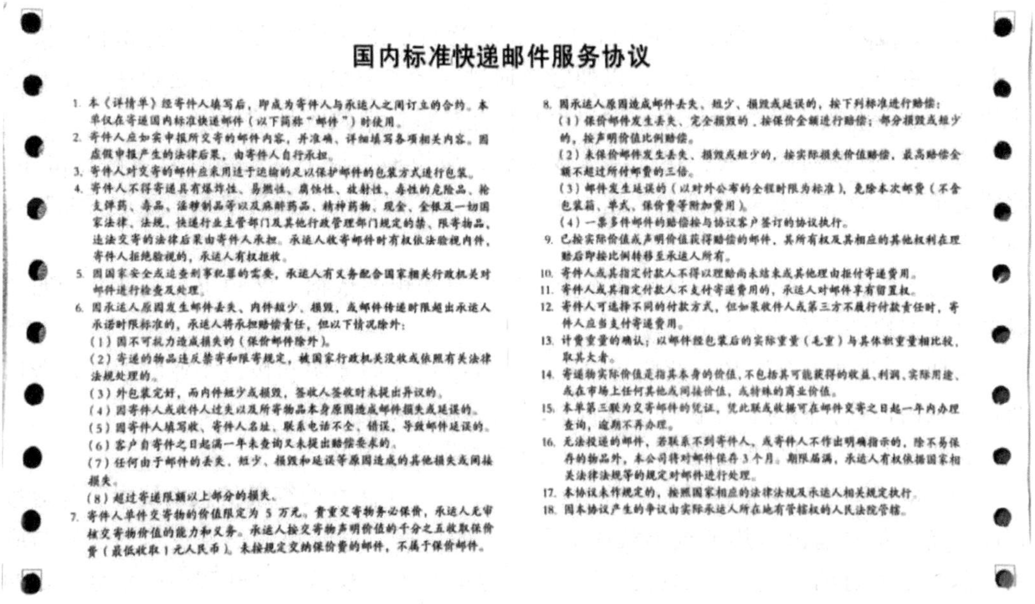

国内标准快递邮件服务协议

1. 本《详情单》经寄件人填写后，即成为寄件人与承运人之间订立的合约。本单仅在寄递国内标准快递邮件（以下简称"邮件"）时使用。
2. 寄件人应如实申报所交寄的邮件内容，并准确、详细填写各项相关内容。因虚假申报产生的法律后果，由寄件人自行承担。
3. 寄件人对交寄的邮件应采用适于运输的足以保护邮件的包装方式进行包装。
4. 寄件人不得寄递具有爆炸性、易燃性、腐蚀性、放射性、毒性的危险品、枪支弹药、毒品、淫秽制品等以及麻醉药品、精神药物、现金、金银及一切国家法律、法规、快递行业主管部门及其他行政管理部门规定的禁、限寄物品，违法交寄的法律后果由寄件人承担。承运人收寄邮件时有权依法验视内件，寄件人拒绝验视的，承运人有权拒收。
5. 因国家安全或追查刑事犯罪的需要，承运人有义务配合国家相关行政机关对邮件进行检查及处理。
6. 因承运人原因发生邮件丢失、内件短少、损毁，或邮件传递时限超出承运人承诺时限标准的，承运人将承担赔偿责任，但以下情况除外：
（1）因不可抗力造成损失的（保价邮件除外）。
（2）寄递的物品违反禁寄和限寄规定，被国家行政机关没收或依照有关法律法规处理的。
（3）外包装完好，而内件短少或损毁，签收人签收时未提出异议的。
（4）因寄件人或收件人过失以及所寄物品本身原因造成邮件损失或延误的。
（5）因寄件人填写收、寄件人名址、联系电话不全、错误，导致邮件延误的。
（6）客户自寄件之日起满一年未查询又未提出赔偿要求的。
（7）任何由于邮件的丢失、短少、损毁和延误等原因造成的其他损失或间接损失。
（8）超过寄递限额以上部分的损失。
7. 寄件人单件交寄物的价值限定为 5 万元。贵重交寄物务必保价，承运人无审核交寄物价值的能力和义务。承运人按交寄物声明价值的千分之五收取保价费（最低收取 1 元人民币）。未按规定交纳保价费的邮件，不属于保价邮件。
8. 因承运人原因造成邮件丢失、短少、损毁或延误的，按下列标准进行赔偿：
（1）保价邮件发生丢失、完全损毁的，按保价全额进行赔偿；部分损毁或短少的，按声明价值比例赔偿。
（2）未保价邮件发生丢失、损毁或短少的，按实际损失价值赔偿，最高赔偿金额不超过所付邮费的三倍。
（3）邮件发生延误的（以对外公布的全程时限为标准），免除本次邮费（不含包装箱、单式、保价费等附加费用）。
（4）一票多件邮件的赔偿按与协议客户签订的协议执行。
9. 已按实际价值或声明价值获得赔偿的邮件，其所有权及其相应的其他权利在理赔后即按比例转移至承运人所有。
10. 寄件人或其指定付款人不得以理赔尚未结束或其他理由拒付寄递费用。
11. 寄件人或其指定付款人不支付寄递费用的，承运人对邮件享有留置权。
12. 寄件人可选择不同的付款方式，但如果收件人或第三方不履行付款责任时，寄件人应当支付寄递费用。
13. 计费重量的确认：以邮件经包装后的实际重量（毛重）与其体积重量相比较，取其大者。
14. 寄递物实际价值是指其本身的价值，不包括其可能获得的收益、利润、实际用途、或在市场上任何其他或间接价值，或特殊的商业价值。
15. 本单第三联为交寄邮件的凭证，凭此联或收据可在邮件交寄之日起一年内办理查询，逾期不再办理。
16. 无法投递的邮件，若联系不到寄件人，或寄件人不作出明确指示的，除不易保存的物品外，本公司将对邮件保存 3 个月。期限届满，承运人有权依据国家相关法律法规等的规定对邮件进行处理。
17. 本协议未作规定的，按照国家相应的法律法规及承运人相关规定执行。
18. 因本协议产生的争议由实际承运人所在地有管辖权的人民法院管辖。

图3-13　纸质运单背面（背书）

运单正面是对寄件人、收件人及物品信息的记录，同时，唯一的条码与运单信息捆绑对应，便于快件作业及运输途中的查询和操作。运单背面是背书条款，是确定快递企业与寄件人之间权利、义务的主要内容。背书条款由快递企业和寄件人共同承认、遵守，具有法律效力，自签字之日起确认生效。收寄快件时，快递人员有义务提醒寄件人阅读背书内容。

《快递服务》国家标准规定：快递运单为服务格式合同，快递运单的内容应包括：①快件编号。②收件人/寄件人信息，主要包括姓名、单位、地址、联系电话、收件人/寄件人签名。③快递服务主体信息，主要包括名称、标识、联系电话、地址和邮编。④快件信息，主要包括品名、快件内件数量、重量和体积、价值；对于国际快件和港澳台快件，快件信息还应包括内件分类、申报价值和原产地。⑤费用信息，主要包括计费项目及金额、付款方式、是否保价及保价金额。⑥时限信息，主要包括收寄时间、投递时间。⑦背书信息，主要包括查询方式与期限；用户和快递服务主体双方的权利与责任，包括用户和快递服务主体产生争议后的解决途径；赔偿的有关规定；对免除或限制快递服务主体责任及涉及快件损失赔偿的条款，应在快递运单上以醒目的方式列出，并予以特别说明。⑧其他约定信息。

以图3-10、图3-11所示纸质运单为例，其正面印有快递专用Logo、运单条码、客服电话和网址等固定信息，需要寄、收件人和快递员填写的内容有：①寄件人信息；②收件人信息；③邮件详细说明；④附加服务；⑤寄递费用；⑥付款方式；⑦揽投员信息；⑧寄件人签署；⑨收件人签收。此外，还包括备注栏。纸质运单一式四联，分别是投递局存、收寄局存、寄件人存、收件人存，最后另附一张"服务协议"联，供寄件人留存。各联的功能为：

第一，"投递局存"联：快件收寄后，由快递员取下交给收寄营业网点留存。快递企业将运单内容录入信息系统中，以便客户通过网络查询快件状态。它是快递企业的记账凭证，是营业收入的原始依据，同时也是快递员进行票数统计的依据。

第二，"收寄局存"联：快件派送成功后，由快递员取下交给派件营业网点留存。此联运单是签收客户核对快件的依据，也是快件派送网点统计派送票数和派送营业收入的依据。

第三，"寄件人存"联：是快递企业收取寄付费用的依据，客户可根据此联标明的运单号查询快件的在途及签收信息。

第四，"收件人存"联：此联运单是客户签收快件的证明和快递企业收取到付费用及记账款的依据，同时也是快件出现问题时投诉和理赔的依据。

各快递企业可以根据业务需要，设计或增加新的运单联。

（2）电子运单。它是将原始收寄信息按一定格式存储在计算机信息系统中，并通过打印设备将信息输出至热敏纸等载体上所形成的单据。随着快递信息技术的发展与应用，基本上所有的快递公司都已开发了电子运单业务。根据国家邮政局的数据，2024年全国快递电子运单使用率为99.27%，同比提高了0.03个百分点。客户用手机在快递公司App、小程序中下单，在线阅读并勾选"客户已阅读并同意服务协议"，电子运单即可自动生成，并且可由快递员直接打印出运单。

电子运单的内容与纸质运单基本相同，有两联式和三联式（如图3-14、图3-15所示）。两联式运单上联是派件存根，下联是收件人存根。三联式运单上联是派件存根，中联是收件人存根，下联是寄件人存根，每联之间用横向切线分割。

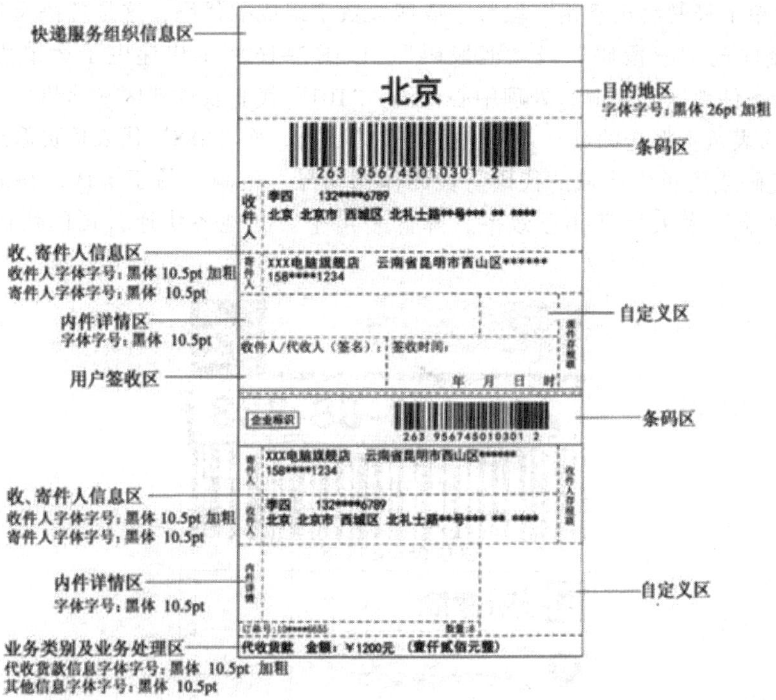

图3-14 两联式电子运单

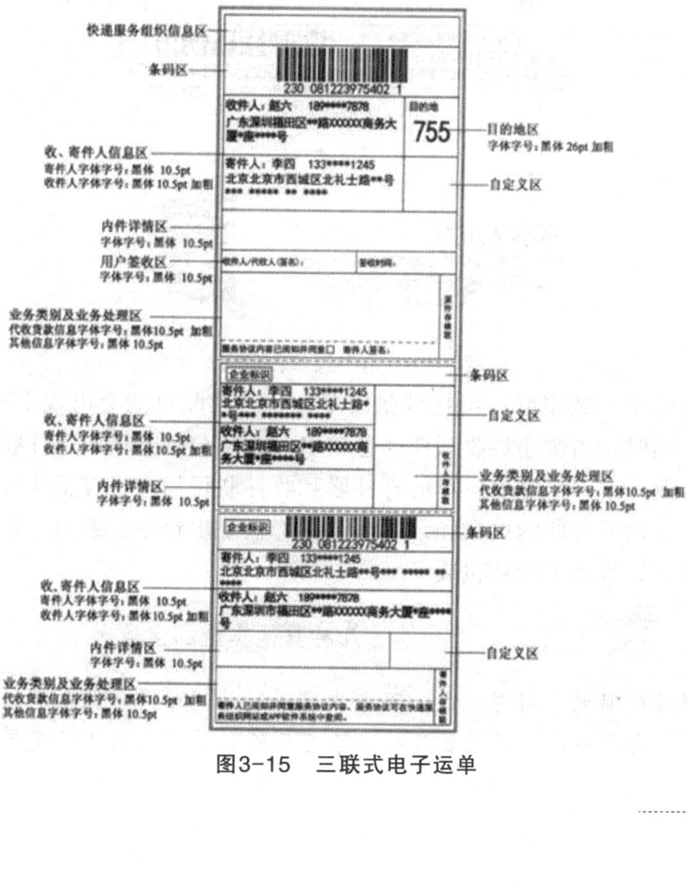

图3-15 三联式电子运单

电子运单上经常会出现由三段数字或四段数字组成的代码，这是各快递公司设计的表示快件流向的"三段码"或"四段码"。以图3-16所示快递电子运单为例，其中"201"代表寄件地区（上海）处理中心代码，"101"代表收件地区（苏州）处理中心代码，"88"代表负责派送的苏州某个快递网点的代码，而"888"代表负责派送这个快件的快递员代码或所负责区域的代码。代码印刷明显、清晰，易于辨认，在需要人工分拣、派送时能够大大提高作业效率，降低差错率。其他各快递公司的代码含义大体相同。

图3-16　电子运单四段码

传统的纸质运单一式多联，消耗纸张较多，后面几联可能会出现字迹不清的情况，识别信息困难；同时，当快递员收派件任务较多时，从包裹上抽取寄件联和取件联比较费时，会降低作业效率。而电子运单的寄件联和收件联可用电子存根代替，不用打印服务协议联，减少了撕下各联的次数和录单环节，降低了出错率，缩短了作业时间，而且减少了纸张使用量，推动了绿色包装。

知识卡片3-4　　　　　　　　　　　　几种其他类型的运单

按照快递服务的时效、付费方式、服务内容等，快递运单可以分为六类：

1.普通运单：由寄件人交付运费且对服务无特殊附加要求的快递服务运单。

2.时效运单：对寄递的时效有特殊要求的快递服务运单，如顺丰的当日达、次日达。

3.到付运单：由收件人支付快递费用的快递服务运单。

4.代收货款运单：快递服务主体接受委托，在投递快递的同时，向收件人收取货款的快递服务运单。

5.保价运单：寄件人在寄件时申报内件价值，并按规定交纳保价费，快递企业对快件的损毁、内件不符等情况承担相应赔偿责任的快递服务运单。

6.回单：应寄件人要求，在收件人签收快件的同时，需由收件人签名或盖章后返还给寄件人单据的快递服务运单。

想一想：上述几种不同类型的运单，其内容、格式与之前介绍的普通运单有哪些不同？

3.填写运单

微课3-9

(1) 填写运单的总体要求。

第一，运单填写须使用规范汉字，不得使用不规范的简化字，不得使用自造字、异体字。

第二，如果使用少数民族文字，应当加注汉字。

填写与粘贴
运单

第三，用外文或汉语拼音填写的，应当加注汉字。

第四，填写时应使用黑色或蓝色笔，或使用打印机，应确保各联所填写的内容一致，且从第一联到最后一联的字迹都能清晰辨认；禁止使用铅笔或红色笔填写。

第五，字迹要求工整。

第六，数字填写要求。书写的数字、字母必须工整、清晰，尤其要注意数字与数字之间以及字母与字母之间的区别。填写数字时，必须要写在方框内，不得压线或超出方框范围（如图3-17所示）。

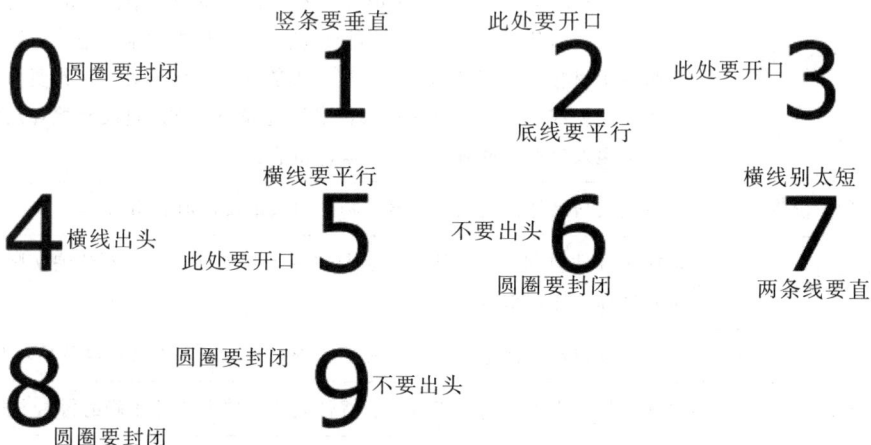

图3-17　运单数字书写规范

第七，保证电话号码填写清晰、准确。

（2）填写运单的具体要求，见表3-11。

表3-11 运单填写的具体要求

栏目	分项信息	填写要求
寄件人信息	寄件人公司名称	私人寄件可不填写公司名称，公司寄件必须填写寄件人公司名称
	寄件人姓名	必须填写全名，填写英文名或中文名可根据快件类型确定
	寄件人电话	必须填写寄件人电话，包括电话区号和电话号码（座机或手机号码可由客户自行提供），便于快件出现异常情况时可以及时联系到寄件人
	寄件人所在地邮编	根据各快递企业的要求决定是否填写此项内容，如运单要求填写，必须请客户提供正确的邮政编码
	寄件人地址	详细填写寄件人地址，以便在快件退回时可以尽快找到寄件人
收件人信息	收件人公司名称	如收件人是私人，可不填写收件人公司名称；收件人在公司签收快件，则必须填写收件人公司名称
	收件人姓名	必须填写全名，填写英文名或中文名可根据快件类型确定
	收件人电话	必须填写收件人电话，包括电话区号和电话号码（座机或者手机号码可由客户自行提供），便于快件出现异常情况时可以及时联系到收件人
	收件人所在地邮编	根据各快递企业的要求决定是否填写此项内容，如运单要求填写，须请客户提供正确的邮政编码
	收件人地址	必须详写收件人地址，按"××省××市××镇××村××工业区/管理区××栋（大厦）××楼××单元"或"××省××市××区××街道××号××大厦××楼××单元"详细填写
	寄递货物详情	详细填写寄递物品的实际名称，不允许有笼统字眼，如"样板（版、品）""电子零件"等；品名内容后不可有"部分"字样，应写明具体数量；作为出口件的寄递品需根据物品性质、材料来详细申报，如衫、裤要注明使用材料为针织、棉、毛、皮、人造皮革、化纤等，玩具要标明材料为布、塑料或毛绒等，以保证快件发运过程中正常通过安全检查及顺利通关；快递人员不得替对方填写寄递物品信息
	数量、价值	快递人员与寄件人共同确认寄递物品的数量及价值后填写
	重量	根据快件性质和规格，快递人员与寄件人共同确认后填写快递实际称重重量和计算的体积重量
	资费	快递人员根据快件重量计算快件的资费，并与寄件人共同确认后填写
	付款方式	快递人员与寄件人共同确认后，寄件人在运单上勾选正确的付款方式
	日期、时间	如实填写寄件和收件的日期、时间，时间精确到分钟

栏目	分项信息	填写要求
	寄件人签名	寄件人在该栏签名，确认快件已经完好地交给快递人员；快递人员不得替寄件人签名
	收件人签名	收件人在收到快件并对快件外包装进行检查后，在运单收件人签名栏签名，确认快件已经收到；快递人员不得替收件人签名
	收件员签名	上门收取快件的快递人员在收取寄件人的快件后，在此处填写姓名或工号，表示此票快件由快递人员（即收件员）收取
	派件员签名	快递人员将快件派送到收件人处时，请客户检查快件包装是否完好并签字后，在运单上填写姓名或工号，表明此票快件由该快递人员（即派件员）派送
	备注	如有其他的特殊需求或者快件出现异常，可在"备注"栏上列明

4.粘贴运单

总体来讲，应将运单粘贴在包装好的快件平整、干净的表面上，并应贴合牢固、不脱落，以方便观察与识别。

（1）普通纸箱。运单应粘贴在快件外包装上面的适当位置，运单与快件边缘以留出5cm的距离为宜。应把表面的四个角落位置留出来，以便标识和随运单证的粘贴；运单粘贴应尽量避开骑缝线，因为箱子被挤压时，骑缝线容易爆开，可能会导致运单破损或脱落。

（2）圆柱体包装。如果圆柱物体直径足够大，将运单平铺粘贴在圆柱物体的底面上；如果圆柱物体直径较小，则将运单环绕圆柱面粘贴，注意运单条码和号码不得被遮盖。

（3）锥形物体。其体积较大时，选择能完整粘贴运单的最大侧面，平整粘贴运单；锥形物体体积较小时，如果单个侧面无法平整粘贴运单，可将运单内容部分粘贴在两个不同的侧面，但运单条码必须在同一个侧面上，不能折叠。

（4）体积较小的快件。对于体积特别小、不足以粘贴运单的快件，为了保护快件的安全，避免遗漏，可将其装在封套或防水胶袋中寄递，运单粘贴在封套或防水胶袋的指定位置。

（5）特殊包装快件。运单的条码不得被覆盖、折叠，即运单条码必须在同一表面展示，不得折叠粘贴在两个及以上表面上。

（七）与网点的交接

1.交接快件与登单

（1）交接快件。快递员返回网点后，应尽快与处理人员交接快件；同时，在交接时对快件再次进行核对。

第一，检查快件外包装是否牢固。如果出现破损等异常情况，需要两人以上同时在场，并在监控范围内重新包装。

微课3-10

快递员收件后与网点的交接

第二，检查运单与标识是否粘贴牢固。检查各单据是否有破损、脱落等情况，如果运单损坏，需要重新填写，则告知客户重新开单的原因，并将新的运单号告知客户，方便客户后续的查询。如果运单松动，则进行加固处理。

第三，核对数量。核对运单标注的数量与实际数量是否相符，如果不符，要马上查找原因并及时处理。

第四，检查运单信息填写情况。运单上的信息是否填写完整、规范，是否有字迹不清等情况；如有需要，与客户再次联系，完善运单信息。

（2）登单。它是指快递员收取快件之后，须在固定的清单上登记快件信息。登记快件信息的清单称为收寄清单，需要登记的内容包括运单号、重量、付款方式、目的地、日期和时间，以及快递员的姓名或工号等。

第一，手工登单：快递员按要求将相关信息手写到清单上。清单一般分两联，一联交给网点，另一联由快递员留存。

第二，电脑登单：由网点处理人员（仓管员）对快递员交回的快件和运单进行扫描，将信息上传至公司数据库系统，打印清单，由快递员签字确认。

随着快递信息系统的广泛应用，目前大部分快递企业都已取消了手工登单。采用电脑登单的方式，可以大大简化登单作业流程，提高信息录入的准确性。

2.交接营业款

交接营业款是指快递员与公司或网点指定收款员之间的款项交接，即快递员把当天或当班次收取的营业款移交给指定的收款员。交接营业款应在交接快件后随即进行，交接的要求如下：①必须将营业款移交给网点指定的收款员，其他人不得代收；②所有营业款需在当天移交完毕，不得由快递员留存；③应于公司或网点规定的时间之前移交完毕，不得延误。

交接步骤如下：①交款准备。快递员准备并整理当天的快件收寄清单和营业款；②提供交款清单。收款员根据系统信息或收寄清单向快递员出具当天的交款清单，以此作为收款依据；③核对交款清单。双方确认交款清单的准确性；④移交营业款并签字。核对无误后，快递员向收款员移交款项，收款员签字确认。

3.复核收寄信息

复核收寄信息是指快递员当天或当班次工作结束后，对实际收寄信息与信息系统中的预定信息进行复核的过程。完成此项工作，可以有效防止因人为失误而导致快件的遗漏，引起客户不满，也可以及时发现快件处理中的问题，迅速采取补救措施，保障客户利益。

（1）复核的主要内容。其主要包括：

第一，核对当班次收寄快件的数量。快递员在当班次工作结束后，应将数据采集器（PDA）中已收取的快件数量与信息系统预定的收件信息进行比对，核对本人当班次的预定收寄信息是否已经全部完成收件操作。

第二，预定收寄信息与实际收寄信息是否匹配。依照订单信息逐一核对订单中的内容是否与快件运单一致。核对内容包括寄件人姓名、寄件人联系方式、收件人姓名、收件人联系方式、寄递物品信息等。

（2）异常情况的处理。

第一，预定收寄信息未全部下载。此时，客服人员针对遗漏信息应主动联系寄件人，如果联系到，则另外约定取件时间，并表示歉意；如果没有联系到寄件人，则第二天继续联系；如果客户继续发件，则尽快安排上门取件；如果客户取消发件，则再次表达歉意。

第二，预定收寄信息已下载但未处理。首先确定快件是否收取，如确实未收取，则由客服人员针对遗漏信息主动联系寄件人，如果联系到，则另外约定取件时间，并表示歉意；如果没有联系到寄件人，则第二天继续联系；如果客户继续发件，则尽快安排上门取件；如果客户取消发件，则再次表达歉意。

如不确定是否收取，首先应查找可能遗忘的地方，如交通工具的车厢角落、夹缝处、背包内、客户处；如有需要，应与客户尽快联系确认并致歉。

任务实施3-1

1.在快件收寄过程中，有时会遇到各类禁寄物品，如枪支、弹药以及各类易燃、易爆危险品等，请说明当快递员收到这类快件时，应如何处理？

2.快件资费的计算与收取是快件收寄环节的重要内容，请分别计算以下各收件作业中快件的计费重量或资费标准。

（1）一票从上海至广州的航空快件，实际重量9.4kg，采用纸箱包装，尺寸为60cm×40cm×30cm，试确定其计费重量。

（2）一票从哈尔滨至北京的公路快件，实际重量3.2kg，采用纸箱包装，尺寸为50cm×30cm×20cm，试确定其计费重量。

（3）一票从上海至北京的航空快件，实际重量8.2kg，包装箱尺寸为50cm×40cm×20cm，首重价格为7元，续重单价为3元/kg，试求其运费。

（4）一票由哈尔滨至沈阳的公路快件，实际重量22.4kg，采用纸箱包装，尺寸为65cm×45cm×30cm，资费标准见表3-12，试确定其运费。

表3-12　　　　　　　　　　　　　快递资费标准

区间	首重1kg	1kg<续重≤20kg	20kg<续重≤50kg
哈尔滨—沈阳	8元	3元	2元

（5）一票由上海至杭州的公路快件，采用单价计费法，快件实际重量21.6kg，采用纸箱包装，尺寸为60cm×40cm×30cm，资费标准见表3-13，试确定其运费。

表3-13　　　　　　　　　　　　单价计费法资费标准

区间	重量≤20kg	20kg<重量≤50kg
上海—杭州	2元	1元

任务实施3-1

参考答案

（6）一票从哈尔滨市寄往俄罗斯的国际快件，系重量为5.2kg的衣服，以500g为计量单位，运价表上显示首重为40元，续重为20元，另征收燃油附加费100元，采用到付方式，卢布兑换人民币的汇率为0.1089，试求此快件的运费。

3.以顺丰快递为例，完成一次线上下单寄递快件作业。

任务2　快件处理

【任务解析】

通过观看作业视频，到快递网点或处理中心实习的方式，学生了解快件处理的基本流程，掌握各环节操作要点，既能完成在网点进行的总包初分与运输作业，又能掌握在处理中心进行的总包卸载与验视、总包拆解、快件分拣、总包封发等作业，并能够正确处理各类异常快件，同时养成规范作业的工作态度与精益求精的工匠精神。

【知识链接】

快件处理是快递服务的重要组成部分，快递员将收取的快件交到网点，网点需要对快件进行必要处理，才能交由班车运回处理中心。在处理中心，作业人员还要对快件进行扫描、分拣、封发等，才能进入运输环节。到港快件也是同样道理，需要先对快件进行拆包、分拣、扫描处理后，才能由班车配送到各个网点，网点同样经过处理后才能由快递员派送到客户手中。快件处理包括若干环节，但核心是分拣与封发。快件的分拣与封发，是将快件由分散到集中，再由集中到分散的处理过程。发件与派件环节的处理作业操作方法相同，只是部分作业流程相反，在此一并介绍。

一、快递网点的快件处理

（一）快件的初分

收取的快件在到达网点后，操作员需要对快件进行扫描（也可在与快递员进行快件交接时完成）并初分。初分就是按照客户确定的快件运输方式（陆路件或航空件）与流向（同城件、省内件、省外件）对快件进行分类，并建立总包。所谓总包，也可称集包，是对同一发运路线的快件，混装在一个容器内形成的快件运输包装单位（《快递服务》GB/T 27917-2023）。在建立总包时，操作人员用PDA依次扫描封签标志上的条形码（也可在PDA中输入标志上的代码，并根据提示输入快件流向等信息）和快件运单上的条形码，使总包和快件关联，形成一个单独的运输管理单元。总包内还应附寄快件封发清单，最后用封签对袋口进行封扎处理（如图3-18所示）。总包运抵处理中心后，再将总包拆解，将快件取出进行分拣，然后根据流向与运输工具的不同，重新建立总包。

总包的材质主要有塑料、尼龙、帆布等，快件总包的重量不宜超过32千克。对于较大快件，不再装入总包，可以单独发运，但是在操作上视同总包，也必须准备清单。

图3-18　快件总包

（二）快件的运输

班车司机接收快件后，使用PDA扫描条码或签字进行确认。建立总包，方便对快件的管理和与班车司机的交接，与司机交接时只需核对总包即可。

从快递网点到处理中心的快件转运，有直送式和集送式两种。当网点快件量较大时，采取直送式，快件装车后直接返回处理中心；当网点快件量不大时，可以由一辆班车依次装载多个网点的快件后再返回处理中心。

二、处理中心的快件处理

（一）快件处理的主要流程

快件处理是指对进入处理中心的快件进行分拣、封发等操作，包括快件到站接收、分拣、总包封装、快件发运等环节。其主要流程见表3-14。

表3-14　　　　　　　　　　中转场快件处理主要作业流程

序号	作业活动	主要作业说明
1	引导到站车辆	引导快件运输车辆准确停靠，并核对车牌号，查看押运人员身份
2	验收车辆封志	检查车辆封志是否完好，核对封志上的印志号码
3	拆解车辆封志	使用不同的工具，按照正确的方法将车辆封志拆解下来
4	卸载总包	把总包快件从运输车厢内卸下，注意安全，按序码放
5	验收总包	查点总包数目，验视总包规格，将异常总包交主管处理
6	扫描称重	对总包进行逐袋扫描对比，称重复核，上传信息，并将扫描信息与交接单核对
7	办理签收	交接结束后，交接双方在快件交接单上签名盖章；有争议事宜的，在交接单上批注

续表

序号	作业活动	主要作业说明
8	拆解总包	解开总包，倒出包内快件，检查总包空袋内有无漏件
9	逐件扫描	逐件扫描快件条码，检查快件规格，将问题件剔出，交有关部门处理
10	快件分拣	按快件流向对快件进行分类、分拣
11	快件登单	逐件扫描快件的完整信息，扫描结束后及时上传，打印封发清单
12	总包封装	制作包牌，将快件装入包袋内并封口
13	总包堆码	将总包按一定要求码放
14	办理交运	针对建好的总包按发运车次、路向填制交接单并比对
15	交发总包	交接双方共同核对总包快件数量，检查总包规格、路向
16	装载车辆	按照正确的装载、码放要求，将总包快件装上运输车辆
17	车辆施封	交接双方当面施加车辆封志，保证封志锁好并核对号码
18	车辆发出	交接完毕，在总包快件交接单上签名盖章，引导车辆按时发运

（二）接车

1.准备工作

车辆进入处理中心（中转场）前，作业人员要提前做好各项准备工作，确保作业安全，提高作业效率和作业的规范性。相关准备工作见表3-15。

表3-15　　　　　　　　　　快件接收前的准备工作

序号	准备工作
1	检查有无快件处理的相关要求和操作变更通知（收件人、收件地址变更等）
2	领取条码扫描设备、名章、圆珠笔、拆解工具等
3	做好个人准备工作，穿好工作服，佩戴工作牌，做好劳动保护
4	检查装卸、分拣、条码扫描等设备，核对作业班次和时间
5	对作业场地进行检查，场地应清洁、干净，无遗留快件

微课3-11

处理中心接车作业

2.接车的流程与内容

（1）引导车辆停靠。车辆要停靠在指定交接场所，引导车辆时，人员不得站在车辆正后方。

（2）核对车辆号牌。

（3）核实人员身份。检查押运人员的证件是否齐全，身份是否符合业务要求。

（4）核对总包路单（交接单）。检查交接单的内容是否填写完整、准确，有无遗漏，盖章签名是否规范。

（5）检查车辆封志。检查封志有无撬动痕迹，卫星定位系统中有无非正常停车后开门的记录。

（6）核对总包数量。如数量与交接信息不符，需当面查清或在交接单上批注。

（7）核对总包规格。对于破损、油污、标注不符的总包，双方当面处理、如实记录。

（8）签字确认。在交接单上标注接收时间，并签名盖章。

3.交接单

交接单是快递服务网络中两个部门在交接总包时使用的一种交接凭证，是登记交接总包相关内容（交接单号码、总包包号、发寄地、寄达地、总包数量、重量、快件种类和交接时间等）的一种单式（见表3-16）。交接单主要用于网点与处理中心之间的总包交接、运输环节与处理中心之间的总包交接、处理中心与委托运输方之间的总包交接。

表3-16　　　　　　　　　　　　　　　　交接单　　　　　　　　　　　　　　No.

由		至		票数：	件数：		日期：	
序号	运单号	件数	重量（千克）		品名	目的地	渠道	备注
			实重	材重				
1								
2								
3								
4								
5								
6								
7								
8								
9								
10								

交接人：　　　　　　　　　　　　　　　　签收人：

交接单的作用主要有：①记录两个作业环节交接总包时实际发生的相关情况，是快件业务处理的凭证；②是快递企业与委托承运部门或企业进行运费结算的依据；③是明确两个作业环节之间总包交接的责任界限；④是进行总包查询和赔偿的凭证。

随着快递信息化的发展，当前，纸质交接单已经较少使用。在进行交接时，主要通过PDA进行扫描操作与确认，也可以通过PDA进行查询和下载打印。

4.车辆封志

车辆封志是保证运输环节快件安全的有效方式，是为了防止快件在运输过程中车门被打开而对其进行固封的一种方法。在快件装车后准备运输前，由装卸人员和驾驶员一同施封，在车辆到达目的地后，再由专人拆解封志。

（1）车辆封志的种类。

第一，信息封志。其主要指卫星定位系统、地理信息系统，通过对运输车辆行驶轨迹的监控记录，来判断在运输途中是否有人员接触快件。

第二，实物封志。其主要包括纸质封条、封签，塑料封志，金属封志，施封锁等。其中，塑料封志应用较多（如图3-19所示）。

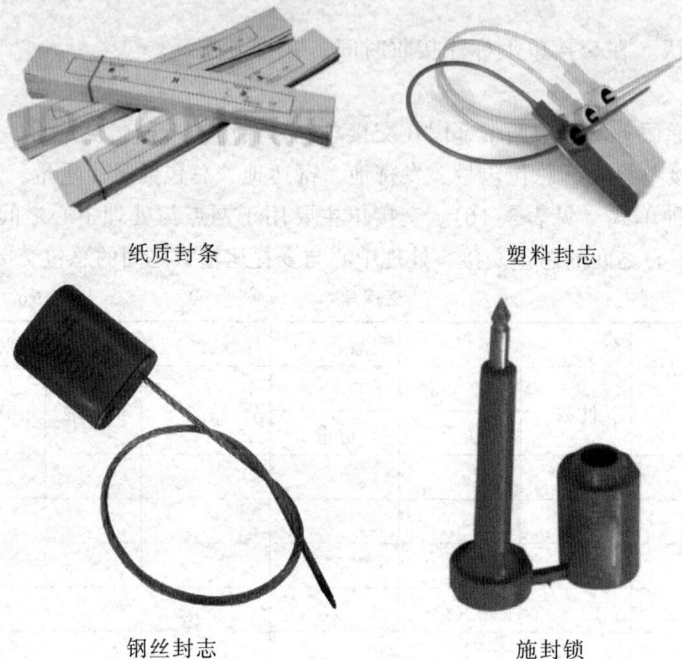

纸质封条   塑料封志

钢丝封志   施封锁

图3-19　实物封志

（2）车辆封志的操作要点。

第一，快件装好车后，必须将封志号码填入交接单（路单）相应栏目中，装车人员负责检查核对。

第二，封车时，如果封志损坏，装车人员必须拿损坏封志和路单到封志管理人员处更换。更换封志时，必须同时更换路单上的号码，确保路单号与车辆封志号码一致。

第三，装车人员与押运人员共同对车厢施封，押运人员或驾驶员应对封志号码进行检查核对，并在路单上签字确认。

第四，车辆到达处理中心后，接收人员应先检查封志是否完好，并核对其号码与路单上记录的封志号码是否一致，之后签字确认。

第五，如果在处理中心部分卸件，在卸件完成后，必须重新施封，并在路单上写明新的封志号码，然后由驾驶员核对。

（3）拆解封志。

第一，检查封志是否已被打开，对于松动、有可疑痕迹的应做记录。

第二，检查封志上的号码、标签是否清晰，对于模糊、有更改痕迹的应做标记。

第三，封志信息录入。可采用人工记录或PDA扫描方式录入信息，注意与交接单进行核对。

第四，拆开封志。对于施封锁，应用专用钥匙开启，同时注意妥善保管钥匙以备查询或循环使用；对于其他封志，应用剪刀或专用钳拆解封绳，注意不得损坏封志条码或标签。

知识卡片3-5　　　　　　　　　　**封了口的快递贵重物品全被掉包**

呼和浩特市的薛先生遇到了一件怪事情，上个月妹妹给他从外地寄来了一个包裹，收到货时包裹外包装完好，可里面的东西却变了样，这是咋回事儿呢？

上个月，薛先生的妹妹从远在千里的江苏常熟给薛先生寄来了两包孩子的衣物，收到包裹拆封之后，里面物品的数量变多了，可薛先生和妹妹田女士两人都傻了眼。

薛先生表示，包裹里不值钱的东西收到啦，但是值钱的东西被人调包了。

田女士说当时自己寄件时，专门从邮政快递江苏常熟金沙江营业网点购买了一个红黄色的大帆布包，装的是比较值钱的品牌羽绒服和品牌套装，价值大约5 000元。除了帆布包外，还有一个塑料袋，里面装了一些孩子穿的毛衣、毛裤。两个包裹是装在了一个大的邮政编织袋里一同寄出的，可让人没想到的是，当哥哥薛先生收货时，用塑料袋装的毛衣、毛裤都在，比较值钱的帆布包却整包不翼而飞了，取而代之的是五袋生活用品和女士服装。更蹊跷的是，薛先生收货时，邮政编织袋的封口是完好无损的。

要说包裹整体被搞混、送错了，显然不是。可明明封口完好，里面的东西怎么选择性地"跑路"了，调包的物品又是怎么混进来的呢？田女士找到了邮政快递江苏常熟金沙江营业网点反映了该问题。该网点调取了打包包裹时的整段监控录像，显示邮寄包裹符合正常程序，并没有发现异常情况，可在查看薛先生收货包裹的封口时却发现了问题。

田女士说："寄件网点看到了这个封志，也就是这个扎口，显示不是他们当时寄出去时候的封口，是已经被调换过的一个封口。"

薛先生说："收货包裹的封口拍过去以后，人家一看就说，这肯定是到了呼和浩特市（收件局）被打开过。"

据了解，邮政快递每个营业网点都有一个独有的包裹封志，邮递包裹拆封时都需要进行相应的备案。田女士是从江苏常熟金沙江网点寄出的包裹，封志上面的标牌本应印有"常熟金沙江"字样，可哥哥薛先生收货时，封志上面的标牌却换成了"呼市包刷"字样。也就是说，包裹到了呼和浩特后被人给打开过。

寄件网点按邮件的信息跟踪查找时发现，整个信息流程显示是没有异常的，呼和浩特市网点没有上报过说这个封口被换掉了。

细心的田女士还发现，被掉包的包裹，前后的重量竟然是一样的，她表示，"就是东西被换掉了，觉得这是一个非常刻意的行为。"

事发后，田女士和哥哥俩人没少联系寄收两地的邮政公司，可一个月过去了，包裹是在哪个环节出了问题，又是谁动了手脚，一直都没有得到明确回复。而寄件时，田女士出于对邮政快递的信任，自己没有进行保价。邮政快递表示，按规定只能依照邮费的6倍赔偿田女士。也就是说，田女士价值5 000元的物品，只能获赔200多元。

资料来源 陆熠.封了口的快递贵重物品全被掉包 邮政：赔你200［EB/OL］.［2020-01-08］. https：//baijiahao.baidu.com/s？id=1655163815836803825&wfr=spider&for=pc.

想一想：在本案例中，快递公司对运输途中封志的管理存在哪些不足？

5.对接车环节异常情况的处理

接车过程中的异常情况处理见表3-17。

表3-17 接车环节异常情况的处理

序号	异常情况	处理措施
1	封志断开或损坏或能被打开	向主管报告，并在路单上批注，将异常封志单独保存，拍照备查
2	封志标签模糊	如果标签数字清晰，可以手工录入信息；如果条码和数字均模糊，应通过路单查询本车所装载总包情况，并填写异常车辆封志处理报告
3	封志信息与路单信息不符	会同押运人员立即查明原因，视情况处理

微课3-12

总包的卸载与验视

（三）总包的卸载与验视

总包卸载就是将快件从运输车辆上卸载到处理场地的作业过程，同时对总包进行检查与搬运。为了提高作业效率，各快递公司通常是将总包卸载与总包的验视、交接、搬运等工作同时进行。

1.总包卸载的流程

总包卸载的流程如图3-20所示。

```
开启车门 → 卸载总包 → 搬运、摆放总包 → 清扫、检查车辆
```

图3-20 总包卸载流程图

2.总包卸载的操作要点

（1）按照要求卸载总包，不得有抛掷、拖拽、摔打、踩踏、踢扔、坐靠及其他任何有可能损坏快件的行为，卸载时总包袋口不得拖地。

（2）对贴有易碎品标志的快件要轻拿轻放。放置时，需要在快件底部低于作业面30厘米的时候才能放手。

（3）卸载破损总包时，应注意保护内件，避免出现二次损坏的现象。

（4）使用机械或工具辅助卸载时，应正确操作卸载机械或工具，禁止野蛮粗暴操作及其他任何有可能损坏快件的行为。

（5）遇到雨雪天气，卸载总包时应做好防水、防潮及受潮物品处理工作。如遇受潮快件，应及时处理，严禁挤压、烘干受潮物品等。

（6）总包卸载后，应区分直达和中转路向、手工与机械分拣快件，并按堆位要求分别码放。

（7）码放时做到重不压轻、大不压小。码放的总包有序、整齐、稳固，总包袋口一律向外。

（8）偏大、偏重的总包单独码放或码放在底层，以防码放时砸坏轻件、小件；易碎物品、不耐压的快件放置在顶层或单独码放；对标有不准倒置、怕晒、怕雨、禁止翻滚、堆码重量和层数受限标识的快件，应按操作标准进行作业。

（9）卸载在托盘、拖车、拖板上的总包，码放高度一般不超过把手。

（10）不规则快件、一票多件快件、需特殊处理或当面交接的快件应该单独码放。

（11）水湿、油污、破损的总包应交专人处理。

（12）卸载结束后，接收人员应检查车厢和场地周围有无其他遗留快件。

3.总包卸载的安全要求

（1）待车辆停稳后再开始作业，不要一拥而上；进出车厢时注意扶好扶手，避免摔倒。

（2）遵守先上后下、先里后外、按单点货的原则进行作业。

（3）作业人员戴好防护手套，系好防护腰带，穿好防滑鞋，以免发生人身伤害事故。

（4）卸载体积大、重量沉的总包快件时，应双人或多人协同作业，或使用托盘、叉车等装卸工具。

（5）如果卸载快件时有破损并渗漏出不明物品，必须用专用防护用具、用品进行隔离，切忌用身体直接接触或用鼻子闻。

（6）如果堆码在手动运输的托盘、拖车或拖板上，要注意控制码放的重量、宽度和高度，以免发生快件倒塌伤人和损伤快件的现象。

（7）使用托盘、拖车要分清前后，不得反向操作，拉运快件时要专心，不要东张西望。

（8）如果快件包装外表上有突出的钉、钩、刺，或有异味或油渍等，以及超大、超重等快件，不能通过输送机进行卸载或搬运，以避免损伤输送机或快件等事故发生，应将以上快件单独摆放一处，利用人工或推车等进行作业。

（9）卸载工具上严禁站人。

4.总包验视的内容

对总包的验视，包括对总包实际状态的检查和对总包信息的核对。

（1）总包发运路向是否正确。

（2）总包规格、重量是否符合要求。

（3）标签是否有脱落或字迹不清、无法辨认的现象。

（4）总包是否有破损或被拆动的痕迹。

（5）总包是否有水湿、油污现象。

（6）通过PDA扫描条码，核对总包其他信息与交接单载明的信息是否一致。

5.总包验视的注意事项

总包验视的注意事项见表3-18。

表 3-18   总包验视的注意事项

序号	注意事项
1	按车辆到达的先后顺序接收总包，有特殊规定的除外
2	不同批次或车次的总包应该分别接收，不得混淆处理
3	总包接收处理要求两人或两人以上眼同作业
4	接收总包时，收方负责逐包扫描，同时验视总包，复核总包数量、规格；交方负责监督总包数量
5	对总包进行逐包扫描称重，完毕后上传信息，比对扫描结果，或将扫描信息与交接单内容进行核对
6	发现总包异常，应及时、准确地处理或做出反馈
7	发现总包数量、路向等与信息不符，应及时、准确地处理或做出反馈
8	接收操作做到快速、准确，应在规定时间内完成总包的接收处理
9	交接结束后，在快件交接单或 PDA 上签名确认

6. 总包搬运

总包卸载后，要按流向、分拣方式、运输工具等的不同，将其摆放在指定地点。在搬运与摆放总包时，可以利用输送机等自动化设备，或使用叉车、托盘等机械设备，或者直接通过人工搬运。在由人工搬运时，可采用肩抬（两人以上）、肩扛（单人作业）等方式，或使用撬杠、滚杠、跳板等辅助工具，要保证工具的完好，规范操作，保证人员与快件的安全。同时，要注意对搬运作业的优化，提高搬运效率，努力减少搬运次数，缩短搬运距离，保证搬运作业的衔接流畅，尽量采用自动化或机械化搬运方式。

卸车人员也可手持 PDA，边卸车边逐件扫描勾核。快件卸车与分拣为流水线作业的，可直接将卸车的总包单件和散件通过输送设备传至分拣供包区，也有一些快递企业直接将其放到分拣机上。

7. 总包异常的处理

在进行总包验视时，对可能出现的异常情况的处理详见表 3-19。

表 3-19   异常总包的处理

序号	异常情况	处理措施
1	总包发运路向不正确	以最快的方式进行总包转发，同时向上一环节发送快件差异报告
2	总包规格、重量不符合要求	对于明显超规格、超重的总包，应尽量缩短搬运距离，尽快进行总包拆解，避免搬运过程中损坏包带；同时，向上一环节发送快件差异报告，提醒对方注意总包规格
3	总包标签脱落或字迹不清，无法辨认	如果总包上标注包号或条形码，可以据此进行处理；如果无法辨认，应拆解总包，找出封发清单，通过清单核对快件数量、路由；如果是总包错发，应补做总包包牌，重新按正确路由发送，同时向上一环节发送快件差异报告；如果总包发送路向正确，则进行下一环节的操作

序号	异常情况	处理措施
4	总包破损或被拆动	如总包有破损痕迹，总包内快件出现丢失、损毁、内件短少等严重问题，作业人员首先报告主管，并对破损总包进行拍照；然后拆解总包，对照封发清单检查并确定快件遗失、破损等情况，填写质量报告记录，双方签字，存档备查；如果总包有拆动痕迹、封志异常等情况，应由交方负责开拆总包，保留袋皮、封志、总包包牌，会同收方共同查验内件，如有不符，应在交接单和袋内封发清单上标注
5	总包有水湿、油污等	交接双方应在交接单上注明，找出污染源，并立即予以适当处理，尽快进入拆解环节，对总包内的快件进行检查。如果快件水湿、油污情况严重，则填写质量报告记录，双方签字，并交主管处理

（四）总包拆解

微课3-13

总包拆解是指开拆已经接收入库的快件总包，将快件由总包转换为散件，是为后续的快件分拣做准备的作业环节。

1.总包拆解的方法

（1）人工拆解。它是不利用机械工具进行总包拆解的人工作业方式，是目前各主要快递处理中心主要的拆解方式。

总包的拆解

（2）机械拆解。它是通过推式悬挂输送机或电动葫芦（如图3-21所示）将总包提升悬挂起来，再进行人机结合拆解总包的半自动作业方式。

2.总包拆解作业的流程

（1）做好拆解准备。其包括：①人员与工具准备：拆解人员到位，准备好PDA、名章、记号笔、拆解用剪刀或专用工具等。②再次验视总包信息与规格。③扫描或由人工输入总包包牌或封志的条码信息。

图3-21　电动葫芦

（2）拆解总包封志。用剪刀或专用工具剪断封志的一股扎绳，剪口应在拴有包牌一侧的扣齿处，不得损坏封志，要保证封志、扎绳、包牌连在一起。

（3）取出快件与清单。双手捏住总包包袋底部两角向上轻提，或利用电动葫芦等挂住包袋底部并提起，将快件倒在工作台上。在取出快件时，动作要轻柔，不得损坏内件，对易碎快件要轻拿轻放；用三角撑袋法检查袋内有无遗留快件，即用两手抓住袋口边沿，以肘撑入，将袋口支成三角形，检查袋内是否有遗留快件，不得倒扣包袋来进行检查。

如果包内有纸质快件封发清单（见表3-20），将其取出备查。

表3-20 快件封发清单

No.   年   月   日

序号	快件编号	寄发地	件数	重量	备注
1					
2					
3					
4					
5					
6					
7					
8					
9					
10					

封发人员（签章）：   接收人员（签章）：

（4）扫描快件条码与勾核。利用PDA依次扫描快件条码，系统自动将扫描信息与清单信息进行核对，并自动对快件的应收数与实收数进行比对。在扫描快件的同时观察快件包装情况，有无折动痕迹和破损、渗漏、水湿、油污等（见表3-21）。对于异常快件，应单独存放，并报告主管处理。

表3-21 快件信息核对内容

序号	核对内容
1	快件路向是否正确，有无误发
2	根据封发清单逐件核对，包括快件编码、原寄地、件数、重量等
3	检查快件封装是否规范，有无破损等异常情况
4	对比合计数量是否有误
5	签章处是否签名或盖章

（5）清理作业。将合格快件放至分拣供件区或直接放到分拣机上；如遇过大、过重、易碎快件，应安排人工分拣处理，并检查现场是否有遗留物。同时，对总包、标签、纸质封发清单等进行整理收纳。

知识卡片3-6　　　　　　　　　　　**快递公司擅自拆包丢弃，损失如何赔偿？**

2017年9月29日，家住重庆市南岸区的董先生在家附近的韵达快递代收网点给北碚的一位好友寄了一箱价值240元的猕猴桃，并夹寄了一张价值1000元的大闸蟹提货卡，运费为33元。"寄快递时，我还特意告知工作人员，包裹里面夹有一张提货卡，别弄丢了，对方也表示肯定能准时寄到。"董先生说。

按照董先生的估计，同城快递也就一两天时间就到了，礼物肯定会在10月4日中秋节前送到好友手里。

10月1日，董先生接到韵达快递重庆分公司的电话，称他寄送的水果出现了损毁，公司准备拆封并将其丢弃，董先生在电话里坚决反对。

董先生说，想到包裹里还夹有一张1000元的提货卡，他强烈要求包裹不得擅自拆封，更不得扔掉，而是退给他亲自检查后再做处理，但韵达快递不同意。

多次交涉无果后，董先生建议先把大闸蟹提货卡退给他，水果事宜待中秋节后再说，当时工作人员也表示同意。

但直到10月8日，董先生仍未收到提货卡，也没收到任何反馈。董先生又打电话询问，工作人员告知提货卡已被损毁的猕猴桃污染了，不好再退给他。

董先生算了算，一箱猕猴桃240元，加上1000元提货卡、33元快递费，一共损失了1273元。无奈之下，董先生向重庆市消费者权益保护委员会投诉。

韵达快递重庆分公司之后回复称，经核实，董先生的包裹的确于9月30日由南岸发往北碚，未保价，运费33元，运输途中发现包裹损坏，只好拆封扔掉。韵达快递还解释称，按照快递条款，未保价快件按运单选项的快递费倍数赔偿，未选填的视为按快递费的5倍赔偿，现考虑到实际损失，愿赔偿300元。

"包裹连同提货卡，共损失1273元，现在只赔300元，我肯定接受不了。"董先生说，希望快递公司按原价赔偿货物和邮寄费用。

记者咨询了重庆市邮政管理局，工作人员表示，在快递丢失赔偿方面，没有具体数额规定，建议双方先协商解决；如果双方谈不拢，建议董先生通过法律途径维权。

资料来源　佚名.快递公司擅自将客户包裹拆封丢弃：弄丢千元提货卡 答复只能赔三百［EB/OL］.［2017-11-17］.https://www.cqcb.com/hot/2017-11-17/558935.html.

想一想：快递公司的做法是否合法？董先生的损失该如何赔偿？

3.总包拆解的注意事项

对总包进行机械拆解时，作业人员要特别注意设备的规范操作，保证人身与快件安全。

（1）作业人员按规定着装，尤其是长发女工必须盘发，佩戴工作帽，以防长发卷入机器中。

（2）开启设备后，通过看、听、闻等方式，检查设备是否正常；如有异常现象，必须立即关停设备进行检修。

（3）如设备出现故障，必须专人维修，严禁私拆设备。

（4）操作过程中严禁用机械拆解超过规定规格的总包，以免损坏设备。

（5）严禁无故使用紧停开关或中断设备电源。

（6）设备运转过程中，严禁用身体任何部位接触设备。

（7）作业台保持清洁，严禁将任何与作业无关的物品放在台上。

（8）作业结束后，要及时清理场地，并检查是否有遗漏快件，设备是否已关好。

4.对总包拆解异常情况的处理

总包拆解过程中的异常情况处理见表3-22。

表3-22　　　　　　　　　　总包拆解过程中异常情况的处理

序号	异常情况	处理措施
1	总包内的快件与封发清单数量不一致	如总包内快件的实际数量少于封发清单中记载的快件数量，应向上一环节缮发快件差异报告，并附上原封志、袋牌、绳扣、空袋等原始凭证；如总包内快件的实际数量多于封发清单中记载的快件数量，或封发清单中快件合计数错误，应在清单上做好批注，并向上一环节缮发快件差异报告，说明情况
2	总包内快件与封发清单重量不一致	如称重后快件重量小于封发清单上注明的重量，可能是内件短少或上一环节称重错误，应报告主管，并向上一环节缮发快件差异报告
3	总包内快件与封发清单中记载的快件编号、原寄地、备注不一致	如总包内快件实物信息与封发清单上的快件信息不符，如快件编号登记错误、保价快件未在备注栏中注明等，应在封发清单对应栏中注明快件的正确信息，并向上一环节缮发快件差异报告
4	总包内未附有封发清单	应先称整包重量，与袋牌所注重量核对是否相符。如有差异，向上一环节缮发快件差异报告，由上一环节补发清单或由上一环节授权后补发清单；如无差异，则以总包电子信息为准，补发清单
5	拆出的快件有水湿、油污等	水湿、油污不严重的，按要求进行阴干、清洁和隔离处理，并缮发快件差异报告；水湿、油污严重，快件失去价值的，除缮发快件差异报告外，交作业主管处理
6	拆出的快件外包装破损、断裂、有拆动痕迹	及时通知作业主管，对破损快件称重、拍照，并根据详情单检查内件是否漏出或出现丢失等情况，内件齐全后对快件重新进行包装
7	封发清单更改划销处未签名、未签章	及时与上一环节联系，查明原因，根据正确的清单对快件进行核对

续表

序号	异常情况	处理措施
8	快件运单条形码污损，不能识读	手工输入运单信息，如果条码上的数字也不能识读，应从清单上或通过信息系统查询快件信息，然后手工输入条码信息
9	快件运单残缺	若运单残损轻微，不影响使用，可以继续进入分拣环节；若缺损严重，无法使用，可以通过封发清单或总包信息查询，并与发件人联系确认，将相关信息标注在运单上，然后进入分拣环节
10	内件受损并有快件渗漏、发臭、腐败变质现象出现	内件破损并渗漏出液体、粉末状固体、半固体状物品，或者漏出内件疑似有毒、剧毒、不明的化工原料，必须由专人使用专用防护工具或防护设备进行隔离，以防止伤害人体或污染其他快件；同时对快件进行拍照，将快件运单号、破损情况等信息上报主管

（五）快件分拣

微课3-14

分拣是将快件按寄达地址等信息进行归类归集的过程（《快递服务》GB/T 27917—2023）。分拣是快件处理的重要环节，对提高服务时效、确保投递的准确性意义重大。

快件的分拣

1.快件分拣的要求

（1）应按收件地址、快件种类、服务时限要求等进行分拣。

（2）应分区作业。

（3）文明分拣，不应野蛮操作，快件分拣脱手时，离摆放快件的接触面之间的距离不应超过30cm，易碎件不应超过10cm。

（4）快件不应直接接触地面。

（5）应准确将快件分拣到位，避免出现错分滞留现象。

（6）快件包装物破损的，按照规范的包装要求及时修补。

2.快件分拣的分类

（1）按照分拣后是否还需要进行中转分类：①直封：是指处理中心按快件的寄达地点把快件封发给到达城市的处理中心的分拣方式，中途不再有拆解、分拣等作业。②中转：是指处理中心把快件封发给运往寄达地点中途的处理中心，经过再次的拆解、分拣等处理，然后封发给寄达城市处理中心的分拣方式。

（2）按照分拣是否一次到位分类：①初分：是指因受时限、运送方式、快件流向等因素的制约，在快件分拣时不是将快件一次性直接分拣到位，而是按照需要先对快件进行宽泛的分拣。②细分：是指对已经初分的快件按寄达地点或派送路线进行再次分拣。例如，由北京发往哈尔滨的快件，可先按发往东北地区进行一次初分，再按照寄达地点哈尔滨进行二次细分。初分和细分主要应用于后续介绍的人工分拣作业。

（3）按照分拣方式分类。

第一，人工分拣。它是依靠人力，使用简单的工具设备来完成整个分拣作业过程的一种分拣方式。这需要分拣人员掌握一定的地理、交通知识，熟悉直封、分拣关系，具备熟练的操作技能等。人工分拣虽然人力成本较高，分拣速度较慢，正在逐渐被其他先进分拣方式所替代，但分拣中心仍会保留一定的人工分拣区域。超重、超规格、条码不清等异常快件以及贵重快件等，仍然需要人工分拣（如图3-22所示）。

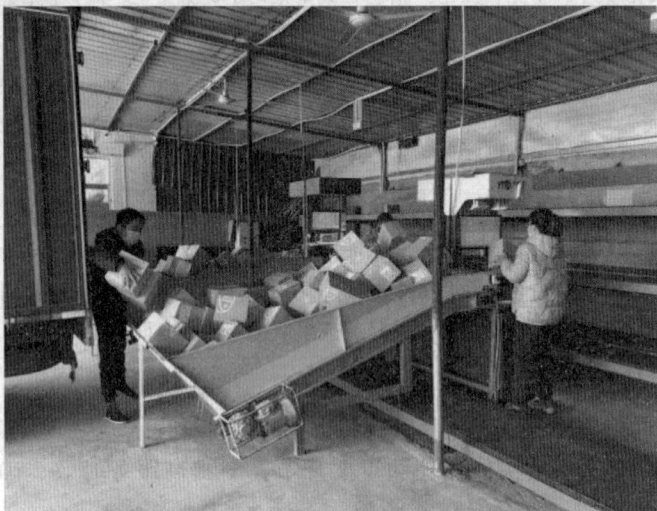

图3-22　人工分拣

在进行人工分拣时，分拣人员主要是按照快件运单上的地址、邮政编码、电话区号或三段码等信息来完成分拣的，同时设置专人专台，专门针对贵重或优先件、到付件、代收货款件等进行分拣。人工分拣的操作步骤与要点见表3-23。随着电子运单逐渐取代纸质运单，现在大部分快递企业的运单上已不再录入邮编，分拣人员主要通过查看三段码来进行分拣。但对邮编、电话区号等知识的掌握仍是分拣人员应具备的基本技能。

表3-23　　　　　　　　　　　　　　　人工分拣的操作步骤与要点

分类	操作步骤	操作要点
信件分拣	快件识别	信件类一次取件数量在20件左右，包裹类需单件处理，通过运单的邮编号、三段码、地址等信息进行快件识别
	快件分类	先将待分快件分为信件类和包裹类，可分为初分和细分两个环节
	快件投格	一手托件，另一手拇指捻件，用中指轻弹入格，保持运单面朝上并且方向一致
	快件整理	将分拣格口内的信件捆扎封发，对已分拣包裹进行堆码，避免串位
物品分拣	快件摆放	将运单向上一面摆放，注意保护运单的完整
	快件分拣	易碎快件要轻拿轻放，距离指定放置位置30cm以内再放手
	快件投格	将快件放置在指定位置，分拣格口或堆位要保持一定的间距，防止串格和误分
	快件整理	对各格口和堆位的快件进行封装整理，检查作业场地有无遗漏快件

在进行人工分拣时，根据快件不同的流向设置若干分拣格口（如图3-23所示），主要用于信件类分拣；物品类快件的投放主要利用笼车来代替格口。

图3-23 人工分拣作业格口

知识卡片3-7 我国的行政区划

截至2022年年底，中国共有34个省级行政区（包括23个省、5个自治区、4个直辖市、2个特别行政区）、333个地级行政区、2 843个县级行政区、38 602个乡级行政区。各省级行政区见表3-24。

表3-24 全国省级行政区划汇总

地区	省级行政区	简称	行政中心	邮政编码	电话区号
华北	北京市	京	北京市	100000	010
华东	上海市	沪	上海市	200000	021
华北	天津市	津	天津市	300000	022
西南	重庆市	渝或巴	重庆市	400000	023
华北	河北省	冀	石家庄市	050000	0311
华北	山西省	晋	太原市	030000	0351
华北	内蒙古自治区	蒙	呼和浩特市	010000	0471
东北	辽宁省	辽	沈阳市	110000	024
东北	吉林省	吉	长春市	130000	0431

地区	省级行政区	简称	行政中心	邮政编码	电话区号
东北	黑龙江省	黑	哈尔滨市	150000	0451
华东	江苏省	苏	南京市	210000	025
华东	浙江省	浙	杭州市	310000	0571
华东	安徽省	皖	合肥市	230000	0551
华东	福建省	闽	福州市	350000	0591
华东	江西省	赣	南昌市	330000	0791
华东	山东省	鲁	济南市	250000	0531
华中	河南省	豫	郑州市	450000	0371
华中	湖北省	鄂	武汉市	430000	027
华中	湖南省	湘	长沙市	410000	0731
华南	广东省	粤	广州市	510000	020
华南	广西壮族自治区	桂	南宁市	530000	0771
华南	海南省	琼	海口市	570000	0898
西南	四川省	川或蜀	成都市	610000	028
西南	贵州省	贵或黔	贵阳市	550000	0851
西南	云南省	云或滇	昆明市	650000	0871
西南	西藏自治区	藏	拉萨市	850000	0891
西北	陕西省	陕或秦	西安市	710000	029
西北	甘肃省	甘或陇	兰州市	730000	0931
西北	青海	青	西宁市	810000	0971
西北	宁夏回族自治区	宁	银川市	750000	0951
西北	新疆维吾尔自治区	新	乌鲁木齐市	830000	0991
华南	香港特别行政区	港	香港	999077	00852
华南	澳门特别行政区	澳	澳门	999078	00853
华东	台湾省	台	台北市	999079	00886

我们也可以通过专业网站或手机应用小程序等来查询全国各地的邮政编码、电话区号等信息。

想一想：我国的邮政编码采用的是四级六位制的编码方式，试分析编码的规则。

第二，机械分拣。它也称半自动分拣，是一种人机结合的分拣方式，一般是通过传输设备将待分拣快件传输到分拣作业点，再由操作人员将分拣到位的快件取下。这种分拣方式可以连续不断地作业，能降低人员作业强度，提高分拣效率（如图3-24所示）。

图3-24　机械分拣示意图

机械分拣的操作步骤与要点见表3-25。

表3-25　　　　　　　　　　　机械分拣的操作步骤与要点

序号	操作步骤	操作要点
1	分拣准备	启动设备，查看设备运行情况，人员就位
2	快件供件	在指定位置将快件放到输送机上，保证运单面向上，宽度要小于传送带宽度；对于超大、超重快件，不得利用机械分拣，应改由人工分拣
3	快件分拣	快件运送到分拣工位时，快速查看运单信息，通过邮编、三段码等判断是否为本工位快件，而后准确拣取；取件时，较轻的快件用双手托住两侧取下，较重的快件则用双手托住底部或抓紧两侧，顺传送带的方向取下投入指定格口或堆位。未来得及分拣的快件由专人接取，再次上机分拣或改由人工分拣
4	后续整理	整理各个工位拣取的快件，检查输送机附近及角落是否有遗漏快件，同时关闭机器

在机械分拣过程中，分拣人员要注意设备安全和人身安全，规范作业，避免出现各类事故和伤害，相关安全要求见表3-26。

表2-26   机械分拣作业安全要求

安全类别	安全要求
设备操作安全	1.设备运行前，清除输送机周围影响设备运行的障碍物，然后试机运行 2.注意上机分拣的快件重量和体积均不得超过设备的载重额定标准 3.对于非正常形状或特殊包装不符合上机要求的快件，要进行人工分拣 4.上机传输的快件与拣取的速度要匹配 5.传输过程中一旦出现卡塞、卡阻等问题，立即停止设备运行 6.分拣传输设备如在使用中发生故障，要立即停止使用，由专人维修
人身安全	1.严禁跨越、踩踏运行中的分拣传输设备 2.不能随意触摸带电设备和电源装置 3.身体的任何部位都不能接触运行中的设备 4.拣取较大快件时，注意不要剐碰周围人员或物品 5.拣取较重快件时，要注意对腰部、腿部等的保护 6.不得使用挂式工牌，女工要留短发或戴安全帽，将长发卷于帽内，分拣时不得戴手套

第三，自动分拣。它是指采用自动分拣设备，通过智能系统识别条码，按目的地进行分拣与集包的一种作业方式。自动分拣效率极高，平均每小时可分拣快件10 000件以上，且分拣准确率可达到99%以上；同时，其具有不受气温、时间、人员体力影响的特点，能够长时间持续地进行快件分拣，成本低、时效高，是当前各大快递公司处理中心主要的分拣方式。

在进行自动分拣时，快件在输送机上传送，当到达扫描点位时，自动扫描仪扫描（也可人工通过PDA扫描）快件运单条码，录入快件信息，系统自动识别分拣格口，快件在指定格口处被推离或翻转后离开输送线，进入寄达地集包中（如图3-25所示）。当前，部分快递公司在快件扫描时已实现全方位多角度的自动扫描，无论运单朝向如何，均可快速准确地获取运单信息。

图3-25　自动分拣示意图

自动分拣前期的供件作业与机械分拣相似，只需作业人员观察各个格口，及时更换总包袋即可。分拣设备与作业原理在项目一的任务4中已做介绍与说明，在此不再赘述。

各种分拣方式的特点见表3-27。

表3-27　　　　　　　　　　　　各种分拣方式的特点

分拣方式	特点
人工分拣	业务量较小时使用，人工成本高，分拣错误率高，耗时长
机械分拣	主要由电脑、流水线完成，人工起辅助、处理异常件的作用
自动分拣	信息化程度高，对信息、流程的数字化、标准化要求高，能够有效地节省人力成本和提高分拣时效，已成为各快递公司采用的主要分拣方式

3.特殊快件的分拣

（1）保价快件：①接收保价快件总包后认真执行交接验收制度，交接双方必须当场交接，做到登记备案、分开操作、单独放置；②保价快件不得与其他快件混合开拆分拣；③保价快件总包应双人会同开拆处理；④对保价快件必须逐件称重，如发现保价快件有短少，应及时进行相应处理。

（2）优先快件：①不得与其他快件混合开拆分拣；②是否正确粘贴"优先快件"等标识；③检查快件包装是否完好，有无污损等情况。

4.异常情况的处理

分拣过程中出现的异常情况及处理详见表3-28。

表3-28　　　　　　　　　　　　分拣异常情况及处理

序号	异常情况	处理措施
1	快件运单脱落	填写快件差异报告，上传物品信息到无信息物品库，等待发件网点确认
2	同一快件出现两张或以上运单	填写快件差异报告，通知收件网点确认正确运单信息
3	寄达地址不清晰或错误	填写快件差异报告，通知收件网点进行核对，将信息补充完整
4	重量、规格超过快件要求上限	填写快件差异报告，退回收件网点
5	因包装不善导致快件破损、水湿、油污、渗漏等	填写快件差异报告，暂存至问题件存放区，通知网点处理
6	公司服务网络未覆盖至快件寄达地	填写快件差异报告，告知相关费用及转寄费用、转寄公司单号；如不需要，则退回
7	不在派送区域或某些增值服务区域	强制就近中转

知识卡片 3-8   快件处理场所条件标准

《快递业务操作指导规范》对快件处理场所面积和配备的设施设备做出了具体规定，见表3-29。

表3-29   快件处理场所面积和设施设备配备标准

年快件处理量 （万件）	面积	设施设备
50	不少于200m²	分拣格、称重台、工具架、托盘、电脑、视频监控系统
500	不少于2 000m²	除上述设备外，还应配备货物搬运设备（如手推车）、条码识读器、安全检查设备（如X光机）
1 000	不少于4 000m²	除上述设备外，还应配备门禁系统、半自动皮带输送设备
2 000	不少于8 000m²	除上述设备外，还应配备快件半自动或自动分拣系统、远程影像监控系统
3 000	不少于10 000m²	除上述设备外，还应配备叉车、快件自动分拣系统、场所统一指挥调度系统
4 000以上	不少于15 000m²	等同于年处理量3 000万件的处理场所

注：所有快件处理场所的面积均不应小于50m²。

想一想：以处理中心年快件处理量3 000万件为例，设计处理中心的平面布局简图，注意各个作业区域相对位置的合理性以及相关设备存放位置的便利性。

微课3-15   （六）总包封发

总包的封发

封发是指按发运线路对快件进行封装并交付运输的过程（《快递服务》GB/T 27917-2023）。由于封发与拆封是在不同处理中心的两个不同作业过程，所以，快件封发一定要按标准规范操作，满足封发的要求，以保证快件安全、准确、及时、完整地完成传递作业。

1.封发的要求

（1）应准确封发，防止错发、漏发。

（2）应对中途需要中转的物品以及小件物品建立总包进行封发。

（3）应及时录入封发信息，并按规定上传至网络。

2.封发的作业流程

（1）生成封发清单。封发清单是登列总包内快件信息的凭证，主要包括总包内各个散件的号码、寄发地、件数等内容。它是接收方复核总包内件的依据，也是快件作业内部查询的依据。封发清单有纸质清单和电子清单两种形式。当前，各快递公司主要采用电子清单，通过PDA扫描包牌上的二维码或条形码，来查看与确认封发清单上的信息。

其中，手工录入指完全依靠人工手写录入，适用于人工分拣后的快件总包；扫描录入指操作人员通过PDA依次扫描单个快件，上传信息，由系统生成清单后打印，适用于机械分拣后的快件总包。手工与扫描录入封发清单的作业要求见表3-30。

表3-30　　　　　　　　　　手工与扫描录入封发清单的作业要求

录入方式	序号	作业要求
手工录入	1	选择合适的清单，准确填写登单日期，或加盖专用封发地日期戳记、清单号码、寄发地等
	2	清单号码编排如以数字顺序、日期、专用代码为编列序号时，不得重复或编错
	3	按出站发车的先后顺序完整、准确地逐件抄登快件号码、寄达地、快件类型、重量等
	4	抄登快件使用规范的汉字、阿拉伯数字及专用代码
	5	退回、易碎、液体快件要在备注栏或相关栏中分别标明
	6	保价、代收货款、到付件应注明金额或使用专用清单
	7	抄登多页清单时，应在每一页上注明页数，快件的总件数登在清单的最后一页
	8	对一票多件的快件要集中抄登
	9	结束登单时，应在指定位置使用正楷签名或加盖操作业务员名章
	10	对需要建包的快件，登单结束后制作总包包牌
扫描录入	1	启动操作系统，使用操作员本人用户名和密码登录，选择系统中登单功能模块，系统一般默认始发站代码和日期等信息
	2	根据操作系统提示，首先扫描预制总包包牌，并输入快件的寄达地代码、运输方式、快件类别、转运站代码等相关信息进行建包，将包牌与清单形成关联
	3	建包后逐票扫描快件条码，装入总包
	4	扫描时注意设备提示音，当设备发出扫描失败提示音时，应复查出错原因并及时纠正
	5	为合理建立总包，方便报关，保证快件安全完好，应对快件分类扫描。文件与包裹、重货与轻货分开，可批量报关的低价值快件和单独报关的高价值快件分开扫描，分袋封装
	6	一票多件的快件要集中码放、集中扫描

录入方式	序号	作业要求
扫描录入	7	条码污染、不完整、无法扫描的快件，应手工输入条码信息或按规定换单处理
	8	限时快件、撤回快件和其他有特殊要求的快件，应输入特殊件代码或另登录专用模块单独处理
	9	扫描结束，调取扫描数据，与实物快件对比件数是否相符；检查快件寄达城市代码是否分属本总包经转范围，不符合应及时纠正
	10	有快件无扫描记录的，应重新扫描登单
	11	上传数据
	12	检查作业场地及周围有无遗漏快件，一切正常则退出登录，关闭系统；否则，重复前面的步骤，重新扫描操作

表3-29中提到的总包包牌是指快递企业为发寄快件和内部作业而拴挂或粘贴在快件总包袋指定位置上，用于区别快件的所属企业和运输方式及发运路向等信息的标识，相当于总包的"身份证"（如图3-26所示）；可利用PDA中的相关模块自动生成并打印总包包牌，也可手工填写总包包牌；每个总包包牌对应一份封发清单，总包包牌将在总包封装后进行拴挂。

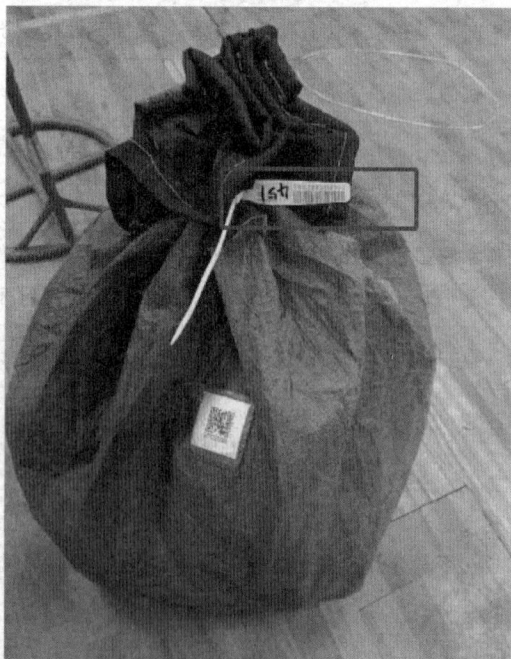

图3-26　总包包牌

现在大部分自动分拣机能够在快件通过时自动获取重量、尺寸等信息，由系统汇总后形成封发清单。

（2）总包称重。将总包上秤称重，总包盛装不能过满，不宜超过总包袋容积的2/3，重量不宜超过32千克。

（3）总包封袋。快件与清单装入袋后，进行总包封装，包括封扎袋口、拴挂包牌等。若采用机械分拣或自动分拣，快件已经入袋，部分操作可省略。

（4）堆码与装车。为便于后续的分批装车，保证作业的有序性，要合理设置堆位，规范堆放总包。总包堆码与装车的作业要求见表3-31。

表3-31　　　　　　　　　　　　总包堆码与装车的作业要求

总包堆码的要求	总包装车的要求
代收货款件、到付件、优先快件等单独堆码	应由两人及以上协同作业
如总包堆码在托盘等工具上，应根据工具的载重标准和安全要求进行，高度以不超过工具的护栏或扶手为宜	装载有两个及以上装卸点的快件的车辆，应按照先出后进的原则进行装车，堆位之间用隔离网分离
立式放置，整齐划一，一层为宜，搭载同一车次或航班的总包集中堆放	保证车辆载重的均衡
根据车次、航班出发的时间先后顺序摆放	总包袋口一律向外，做到有序、整齐、稳固
车次、航班代码或文字等相近、相似的堆位要远离，以避免混淆	不得装载有渗漏、破损现象的总包
文明操作，不得有扔、摔、拖等损坏快件的行为，保护包牌不被损坏或污染	文明作业，不得有抛、摔、踩踏等行为
各堆位之间留出明显间距	执行不同物品的搬运要求以及堆码标准
注意保护包牌不被污损	总包之间不留空隙，各层之间交错码放

（5）建立车辆封志。

第一，封发人员应再一次检查总包封发规格，包括袋身、绳扣、封志等，并检查现场有无遗漏的封发快件，抽查总包有无超重现象等；同时，检查车辆GPS或北斗卫星导航系统是否正常。

第二，总包装车结束后关闭车门，封发人员与驾驶员对车厢眼同施封。

第三，将塑料条形码封志尾部插入车辆锁孔中，再穿入条形码封志顶部的扣眼中，用力收紧，确保施封完好。使用施封锁时，将钢丝穿过车门锁孔后插入锁头锁紧，保证条形码或编号朝外，以方便检查。

第四，在交接单上登记施封的条形码或编号。

（6）交接发运。

第一，制作路单。总包路单是记录总包的封发日期、接收日期、封发路由、总包数量和种类、总包重量、原寄地、寄达地等详细信息，用于运输各个环节交接的单据凭证（如图3-27所示）。现在很多快递公司都使用电子路单，由系统自动生成，并上传至公司操作平台。

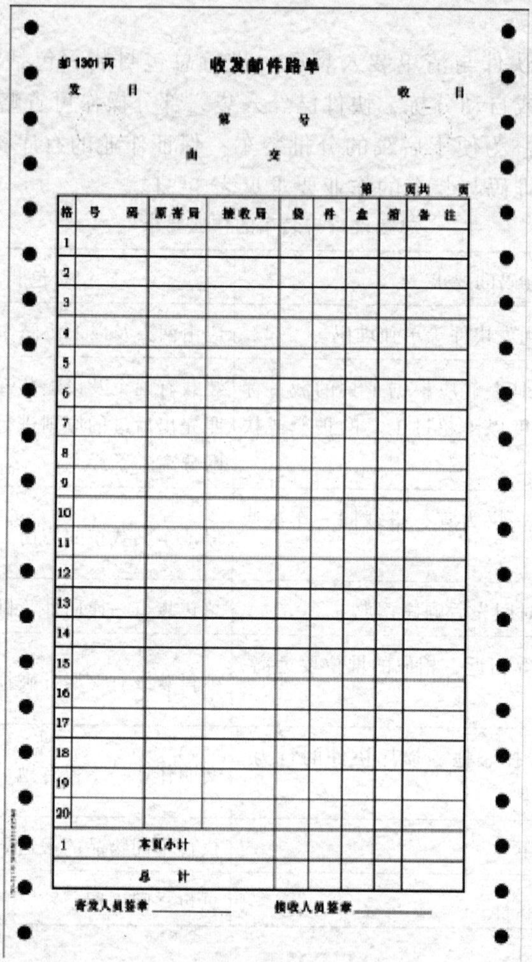
邮1301丙　　收发邮件路单

发　日　　　　收　日

第　号

由　交

第　页共　页

格	号码	原寄局	接收局	袋	件	盒	捆	备注
1								
2								
3								
4								
5								
6								
7								
8								
9								
10								
11								
12								
13								
14								
15								
16								
17								
18								
19								
20								
1	本页小计							
	总计							

寄发人员签章＿＿＿＿　　接收人员签章＿＿＿＿

图3-27　总包路单

第二，封发人员与驾驶员在交接单上签字确认。

第三，引导车辆驶离总包装卸平台，驶出处理中心。

3.总包封发异常情况的处理

总包封发过程中出现的异常情况及处理详见表3-32。

表3-32　总包封发异常情况及处理

序号	异常情况	处理措施
1	总包袋口捆扎不牢	利用猪蹄扣捆扎法对袋口进行捆扎加固
2	总包包牌脱落或模糊不清	根据封发清单或封志编号确认总包信息，补充完善总包包牌
3	车辆封志不规范，可拆开	重新进行施封，保证施封质量，准确记录封志号码

任务实施3-2

1.A快递公司哈尔滨处理中心于2025年1月5日在接收天津至哈尔滨干线班车快件的过程中，应接收总包152件，实接收151件，缺少No.10017总包1个，经查车辆封志完好无损，无拆动痕迹。请据此缮制快件差异报告，并代天津处理中心进行回复。

2.请制定总包封袋作业的操作规范。

任务实施3-2

参考答案

任务3　快件运输

【任务解析】

通过观看运输作业视频、到处理中心实习的方式，让学生了解快件运输的几种不同方式，着重熟悉公路运输流程，能够进行基本的公路运输管理，对运输进行评价，处理公路运输中出现的异常情况，完成路由规划任务；同时，帮助学生培养严谨认真、求真务实的作风。

【知识链接】

快件运输是利用各种交通工具，将快件从发件地快速地送往收件地的过程。它是整个快递服务网络的重要环节，是将快件快速、安全、及时送达的基本保障。运输作业实现了快件的空间位移，也体现了快递企业的管理水平、网络建设水平，是实现快递作业成本最小化、快递服务效益最大化目标的保证。

微课3-16

一、快件运输认知

（一）快件运输的基本要求

（1）在快件的装载和卸货环节，应确保快件不受损害，核对快件数量和质量，如发现异常快件，应及时记录，并注明处理情况。

快件运输认知

（2）如需转运，应严格按照中转时限转发。

（3）应按照规定路由进行运输，若出现特殊情况，致使原规定的路由不适用时，可根据实际情况调整计划，并做好记录。

（4）应及时录入运输信息，并按规定上传网络。

（二）快件运输的分类

1.按照运输工具分类

按运输工具的不同，快件运输可分为公路运输、航空运输、铁路运输、水路运输。这部分内容在项目一的任务1中已有介绍，在此不再赘述。表3-33是四种运输方式的比较。

表3-33 几种运输方式的比较

运输方式	优点	缺点	在快递运输中的应用
公路运输	灵活性强，建设周期短，投资相对较少，易于因地制宜，成本低	载重量小，易受自然环境和天气影响	非常高
航空运输	速度快，适合远距离小件货物运输	载重量小，成本高，灵活性差	较高
铁路运输	速度快，成本低，适合远距离大批量货物运输	灵活性差	较少
水路运输	成本低，适合远距离大批量货物运输	速度慢，灵活性较差	极少

2.按照运输线路分类

（1）干线运输。它是指不同地区、不同省份或不同城市的分拨处理中心之间的运输。公路运输、铁路运输、航空运输均可完成干线运输。在快递实务中，如客户无特殊要求，一般都采用公路运输。

（2）支线运输。它是指网点与网点之间或处理中心与网点之间的短距离运输。通过支线运输，保证了处理中心覆盖范围内的网点之间快件的集散和中转处理，运输距离一般在几十公里以内，通过厢式货车完成。

3.按照运输组织形式分类

（1）公路运输。

第一，自有车辆运输：由快递企业自行出资购买车辆、聘请驾驶员、统一调度、统一管理的运输方式，是当前各快递企业最常采用的公路运输组织形式。

第二，委托运输：也称为契约运输，快递企业并不从事实际的运输业务，而是将其外包，与承运商建立合同关系，由承运商自行调配组织车辆并承担相关费用和风险，根据合同规定的路线和标准完成快件运输任务，快递企业根据合同约定支付费用。这种方式有利于减少企业的短期投入，减轻人员管理、车辆管理负担。

（2）航空运输。

第一，自有飞机运输：由快递公司自行出资购买飞机，聘请飞行员，由公司进行统一调度和管理，完成本公司快件的航空运输业务。除了中国邮政快递之外，部分民营快递公司也购买了飞机，开通了本公司的干线空运航线。这种运输组织形式使快递公司具有更强的运输灵活性，能提高快件运输时效，便于快件集货时间的安排和舱位的配载，可避免包机或集中托运形式下可能出现的货物积压、快件破损问题，为快件更加迅速、安全地送达提供保证。

第二，包机运输：对于没有自有飞机的快递企业，如果在某个运输区间快件量较大且比较稳定，可以采用包机运输方式。包机分为整架包机和部分包机。整架包机是指航空公司按照约定的条件和费率，将整架飞机租给一个或若干包机人（包机人是指发货人或航空货运代理公司），从一个或几个航空站装运货物至指定目的地。部分包机是指几家快递公司联合包租一架飞机，或者由航空公司把一架飞机的舱位分别承包给几家快递公司，也称拼机。与自有飞机相比，由于所包飞机归航空公司所有，飞机的航线和起降时间由航空公司决定，快递公司只能提出建议。但包机运输有利于降低企业短期投入，且不需要进行飞机管理、维护、航线调度、人员配置等，因此成为目前各快递公司主要采用的航空运输组织形式。

第三，集中托运：是指快递公司将发往某一方向的快件委托给航空货运代理公司，航空货运代理公司将若干批单独发运的货物集中成一批向航空公司办理托运，填写一份总运单送至同一目的地，然后由其委托当地的航空货运代理人收件，再分拨给实际收件人的运输方式。集中托运可降低运费，业务量小、资金有限的快递公司多采用此种方式。

快递的空运如图3-28所示。

图3-28　快递的空运示意图

知识卡片3-9　　　　　　　没有飞机不叫快递，航空物流开始井喷

航空货运开始复苏，航空货运不再一蹶不振，即将满血复活？

2022年，我国民航的货邮运输量达607.6万吨，恢复至2019年的80.7%；2022年前三季度，国际航线完成货邮运输量198.2万吨，已恢复至2019年同期的106.1%。整体来看，2022年我国民航货邮运输量已恢复至2019年的8成，正处于快速复苏阶段。另外，2022年1—11月，我国的航空公司在国际航线货运市场的份额达到37.0%，同比提高4.2%。各项数据表明，航空货运开始触底反弹，市场需求节节攀升。

这一点也体现在民营物流企业中，2022年12月，顺丰出资4.2亿元成立了四川添富航空有限公司，进一步为货物运输保驾护航。

2022年以来，顺丰航空已陆续投运9架新运力，包括6架远程宽体全货机，机队规模已扩大至77架。另一边，2023年元旦刚过，圆通为了跟上顺丰的脚步，也成立了一家航空公司，并在宁波新开通了两条东南亚货运航线。京东也不甘示弱，京东航空自正式运营以来，一直在积极布局航空货运行业，先后开通了深圳—杭州、深圳—无锡，北京—芜湖—南通等多条新航线。

值得注意的是，近年来，跨境电商蓬勃发展，也让国内物流企业盯上了国际货运这门生意。数据显示，2022年上半年，我国跨境电商市场规模达7.1万亿元，2022年市场规模达15.7万亿元。2017年以来，我国跨境电商市场规模5年增长近10倍（如图3-29所示）。

亿元

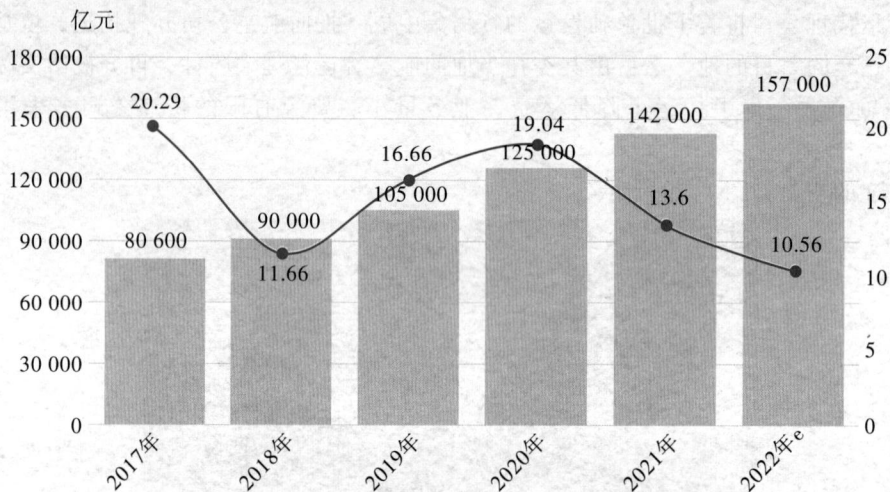

图3-29　跨境电商行业交易规模及其增长率

由于跨境电商持续火热，国际货运的需求量飙升，出海逐渐成为国内一众快递企业的必选项。不仅如此，美国波音公司2022年发布的《全球商用市场展望》预测，未来20年，全球将会有2610架全货机的需求空间，以更换旧飞机和货机为主，为电商和其他服务提供舱位。其中，890架飞机为新生产的全货机，剩余的1720架由客机改装成货机，货机机队将从2019年的2010架飞机增加到2040年的3435架飞机。很明显，国际航空货运市场的需求还很大，未来很长时间都会是赚钱利器。

也正因如此，顺丰、京东、圆通等快递企业开始不断拓展海外市场，布局国际航空货运。2023年，对我国物流企业来说，航空货运的竞争才刚刚开始。

资料来源 潘多拉.没有飞机不叫快递，航空物流开始井喷［EB/OL］.［2023-01-28］.https：//baijiahao.baidu.com/s？id=1756226878133936765&wfr=spider&for=pc.有删减.

想一想：航空运输在快递服务中的地位与作用愈发重要，请畅想一下我国快递航空运输未来的发展方向和趋势。

（三）运输对快件包装的要求

在运输过程中，快件较易造成损坏，因此，除了要求操作人员规范作业外，良好的包装，也是安全、快速地完成快递服务的必然要求；同时，良好的包装也便于在收派、装卸、运输中的各项作业。

1.公路运输

（1）体积微小的物品包装要求：如五金配件、纽扣以及易散落、易丢失的物品等，此类快件应用塑料袋作为内包装将寄递物品聚集，并严密封口，注意内包装留有适当空隙。数量较少的，可以使用包装袋作为外包装；数量较大的，可以使用质地坚固、大小适中的纸箱作为外包装，并用填充材料填充箱内的空隙，使得快件在箱内相对固定，避免填充过满导致内包装破裂而使快件散落丢失。

（2）重量较大的物品包装要求：如机器零件、模具、钢（铁）块等，此类快件应先用材质较软的气泡垫等进行包裹，然后采用材质、耐磨性较好的塑料袋包装，或以材质较好的纸箱包装后用打包袋加固，还可以使用木箱进行包装（木箱单件重量不得超过50kg）。

（3）不规则、尖锐物、超大、超长的物品包装要求：此类快件应以气泡垫等材质较软的包装材料进行全部或局部（尖锐物必须在两端等易损的部位）包装。细长快件还应尽可能地捆扎加固，降低中转或运输过程中折损的可能性。

如快件通过铁路运输，其包装要求与公路运输基本相同。

2.航空运输

（1）普通货物。

第一，纸箱：其应能承受同类包装货物码放3米或4层的总重量。

第二，木箱：其厚度及结构要适合货物安全运输的需要；盛装贵重物品、精密仪器、易碎物品的木箱，不得有腐蚀、虫蛀、裂缝等缺陷。

第三，条筐、竹篓：要求其编制紧密、整齐、牢固、不断条、不劈条，外形尺寸以不超过50cm×50cm×60cm为宜，单件毛重以不超过40kg为宜，内装货物及衬垫材料不得漏出，应能承受同类货物码放3层高的总重量。

第四，铁桶：铁皮的厚度应与内装货物重量相对应。单件毛重25~100kg的中小型铁桶，应使用0.6~1.0mm的铁皮制作；单件毛重在101~180kg的大型铁桶，应使用1.25~1.5mm的铁皮制作。

（2）特殊货物。

第一，液体货物（已经拥有非危险证明的液体）：容器内须留有5%~10%的空隙，封盖必须严密，不得溢漏。用玻璃容器盛装的液体，每个容器的容量不得超过500ml。单件货物毛重以不超过25kg为宜。箱内应使用衬垫和吸附材料填实，防止晃动或液体渗出。

第二，粉状货物（已经拥有非危险证明的粉状货物）：用袋盛装的粉末状货物，应使用塑料涂膜纺织袋做外包装，防止粉末外溢，单件货物毛重不得超过50kg；用硬纸桶、木桶、胶合板桶盛装的，要求桶身无破痕、缝接严密、桶盖密封、桶箍坚固结实；用玻璃盛装的，每瓶内装物的重量不得超过1kg；用铁制材料做外包装的，箱内用衬垫材料填实，单件货物毛重以不超过25kg为宜。

第三，精密易损、质脆易碎货物：单件货物以毛重不超过25kg为宜，可以采用多层次包装方法，即货物→衬垫材料→内包装→衬垫材料→运输包装（外包装）。

快件的公路
运输

二、公路运输作业

在快件的几种运输方式中，航空运输一般通过货运代理公司来组织实施；铁路运输需要协调铁路调度部门，按照既定的列车时刻表和车次，通过班列运输实现。这两种运输形式不需要快递企业进行相应的管理。而在公路运输中，快递企业需要从车辆、人员、路由、过程监控、运输质量等方面全面加强管理，所以，在本任务中，我们主要介绍快件的公路运输作业。

（一）运输作业的基本流程

1.快件起运

（1）分拨中心的操作员将快件装卸完毕后，确认无快件遗漏，驾驶员关闭车门上锁，调度员亲自施封并对车辆牌号等信息进行扫描。

（2）由调度员查看车辆装卸方位，通知驾驶员启动车辆。

（3）驾驶员启动车辆离开装卸车位，在地磅进行称重，然后出站。

2.快件运送

（1）在运送快件的过程中，驾驶员必须按照规定的行驶路线运行；同时，做好运货途中的行车检查工作，既要保护快件完好无损、无遗失，又要保证车辆技术状况完好。

（2）行驶过程中如有特殊情况（如堵车、事故、大雾等），必须马上联系下个目的站的调度员及车辆准点监督员，并采取相应的处理办法。

（3）调度员应做好线路车辆运行的管理工作，掌握各运输车辆的作业进度，及时处理车辆运输过程中临时出现的各类问题，保证车辆日运行作业计划的充分实施。

3.运达卸货

（1）进站的快件运输车辆准确停靠到位，调度员收集路桥票据并核对车牌号码，完成车辆号牌和车线编号的扫描工作。

（2）调度员检查车门是否上锁，施封是否完整，卫星定位系统记录是否正常。

（3）调度员对封签进行扫描，回收封签并保存到固定地点。

（4）打开车门后，及时对保价物品进行交接，检查总包是否有破损等异常情况，随后按流程完成卸车作业。

（二）路由

认识路由

路由是指通过陆路、航空、铁路、船舶等交通运输工具合理连接发件客户与网点公司、网点公司与分拨中心、分拨中心与分拨中心、分拨中心与网点、网点与收件客户之间而组成的闭环线路，是从揽件到签收的业务环节的总和，是一系列作业流程紧密衔接和一体化的过程。

1.路由三要素

（1）节点。它是指所有进行快件中转、集散和储运的节点，包括港口、空港、火车货运站、公路枢纽、大型公共仓库及现代物流配送中心、物流园区等，还包括快递公司的转运中心、分拨中心、各级网点等。

（2）线路。它指将快件运达目的地的干线、支线运输资源，包括道路资源和车辆资源。

（3）时间。各个节点的到发时点及路由的全程用时，包括受理截单时间、取派件时间、区域集散时间、提发货时间、分拨时间、串点快件班车时间等。

路由的本质就是对某一批次快件运输的调度计划（见表3-34），通过确定车辆、线路和时间要求，来保证快件运输的顺利完成。

表3-34　路由表（示例）

出发城市	到达城市	路由路径	路由类型	路由方式	班期	途经天数
A	C	AC	直达	陆运	1234567	0
产品	路由里程	线路成本	联程次数	操作成本	发车时间	到达时间
3D12	1 430km	1.12元	1	0.16元	02：00	22：30

注：路由表中，"途经天数"指快件运输为当天发运，当天到达（02：00—22：30）；"产品：3D12"指从收寄快件到派送到收件人手中，一共需要3天（包括运输时间），并在第3天的中午12：00前完成派送。

2.路由的分类

（1）按照线路类型划分：①直达路由：指分拨中心有直达车或直达航班，可直接将快件转至目的地的分拨中心。如快件需要从哈尔滨送至北京，则哈尔滨→北京为直达路由。②中转路由：指快件无法从寄发地分拨中心直接运至目的地，需要通过其他分拨中心进行中转。如快件需要从哈尔滨送至辽宁本溪，则哈尔滨→沈阳、沈阳→本溪为中转路由。

（2）按照线路性质划分：①干线路由：各个分拨中心之间的路线组合。②支线路由：分拨中心与下属网点之间的路线组合。

3.路由的作用

（1）通过合理地规划快件路由，可以在满足客户时效要求的同时，实现成本最低、操作最简，最大化地提高人均效能。

（2）保障快件的顺利运转，为承诺的客户时效提供依据。

（3）为开发调整车线提供依据，根据实际路由、货量，分析是否开通、调整、取消车线。

（4）为开发产品提供参考依据，并确保产品的开发和实施。

（5）为分拨中心的操作提供依据，保证分拨中心的正常运行。

（6）便于公司管理人员及时掌握及监控全国分拨中心的运作情况。

微课3-19

路由的规划

4.路由规划需要考虑的因素

（1）产品规划，即要达到的时效，根据公司的发展战略和制定的目标，确定路由规划的具体方向。

（2）快件的流量流向，即货量和方向，是选择直达和中转路由的关键因素。

（3）运输成本。存在多线路选择时，在确保时效的前提下，选择运输成本最低的路由作为指导路由，其他路由作为备用路由。

（4）运输资源的配置。路由依托于车线，运输资源保障了路由规划的实施。

（5）中转节点的衔接，即便于筛选出更加合理的中转路由。

（6）分拨中心操作能力、流水线布局。这是路由规划过程中要考虑的一个重要因素。

（7）路由能力。处理中心的处理能力一般以"件"为衡量单位，但是在路由运输中，"件"的体积、重量与运输车辆的装载能力无法直接对应。在快递实际作业中，考虑到大多数快件为轻泡件，运输车辆的装载能力一般以"方"作为衡量标准，也可通过"路由能力"来实现由"方"到"件"的转换，即快递路由中使用的某种车辆可以装载的最大快件量。

（8）时距。在进行路由分析时，因受路况、通行环境等的影响，根据空间距离进行的分析并不可靠，需要将两个节点之间的空间距离转化为时间距离。

微课3-20

（三）公路运输异常情况的处理

1.班车迟到

公路运输中异常情况的处理

由于运输过程中的不可控因素较多，班车迟到现象经常发生，导致无法在规定时间内到达指定地点，如天气原因、意外情况（如遇临时交通管制）、行驶路线错误、车辆没油或故障等。调度中心应及时与驾驶员取得联系，了解情况，并通知目的地分拨中心操作部门或网点，提前做好工作安排与人员安排（如加派卸车、分拣人手等），以缩短后续的作业时间，尽量将延误的时间减至最低。

2.班车迟发

如遇分拨中心快件过多，导致作业时间延长，或网点延时交货，或流水线突然发生故障等情况，都会导致班车迟发。此时，处理中心应做好进度控制，及时抽调人员支援相应岗位。如确定不能按时发车，应预先通知沿途快件到站处理中心、网点等，做好设备、人员的相应准备工作，也可在公司内部运作系统中发布公告，方便相关部门查询。

3.爆仓

在突遇较为严重的自然灾害，导致班车无法出行，或网购高峰期（"双11"购物节），以及临时性的重大节日活动（如举办奥运会、亚运会、世博会等，导致快件安检的标准较高和时间延长）和较长假期等，都会导致爆仓现象的发生。

当班车无法完成装载所有快件时，调度员应及时调集其他车辆，安排同时装车；若已无备用车辆，应立即租车。此时，缩短因爆仓导致的时间延误，尽可能保证时效是第一要务。在季节性爆仓来临前，处理中心就应提前做好应对准备：一是与具备运输资质和能力的单位或个人签署临时用车协议；二是发布临时用工广告，并提前进行培训，保证爆仓时的用人需求。

4.班车遭遇事故

车辆行驶中发生交通事故、车辆故障、堵车等情况时，应及时报告调度中心，说明事故地点与情况，预估延误时长。如发生事故，驾驶员不得离开现场，应保护好快件，报告公安机关并配合交警处理。调度中心应在系统中发布班车延误预报，并通知目的地分拨中心或网点，提前做好车辆到达后卸车、分拣作业人员和设备的准备工作，尽量缩短后续作业时间；同时，联系事故地点的周边网点，在条件允许时派车支援，接驳快件。

为保证在出现上述各种异常情况时的快递时效，提供高质量快递服务，各快递公司应制定应急预案，并组织演练，使员工掌握突发情况下的作业流程和职责分工，保证届时能够第一时间投入到应急处理工作中。

（四）公路运输评价指标

1.运输时效类指标

运输时效类指标见表3-35。

表3-35　　　　　　　　　　　　　　运输时效类指标

指标	含义	计算公式
班车发车准点率	在规定时间内及时发车的比例，一般以班次、日或月为单位统计	$\dfrac{准点发车车次数}{应发车总车次数}\times100\%$
班车到达准点率	班车准点到达目的地的比例，一般以班次、日或月为单位统计	$\dfrac{准点到达车次数}{应到达总车次数}\times100\%$
运输延误率	一段时间内运输作业中延误的快件数与运输快件总量之比，一般以月为单位统计	$\dfrac{运输中延误的快件数}{运输快件总件数}\times100\%$
路由遵守率	实际运输中按照标准路由运送的快件数与总件数之比，一般以月为单位统计	$\dfrac{路由遵守快件数}{路由总件数}\times100\%$

2.运输成本类指标

运输成本类指标见表3-36。

表3-36　　　　　　　　　　　　　　运输成本类指标

指标	含义	计算公式
运输费用水平	快件运输总费用与快件营业总收入之比	$\dfrac{运输费用总额}{承运快件总收入}\times100\%$
实际油耗	报告期实际油耗与实际吨公里数（周转量）之比	$\dfrac{报告期实际油耗}{报告期实际吨公里数}\times100\%$
保修费（元/千公里）	车辆保修及小修费用占行驶公里数的比重	$\dfrac{车辆保修及小修费用}{行驶公里数/1\,000}\times100\%$
满载率	运输工具实际装载量与实际装载能力（车辆的额定载重或体积）之比	$\dfrac{车辆实际装载量}{车辆实际装载能力}\times100\%$

3.运输质量类指标

运输质量类指标见表3-37。

表3-37　　　　　　　　　　　运输质量类指标

指标	含义	计算公式
运输破损率	在运输过程中破损的快件件数与运输总件数之比	$\dfrac{破损件数}{运输总件数}\times100\%$
运输丢失率	在运输过程中丢失的快件件数与运输总件数之比	$\dfrac{丢失件数}{运输总件数}\times100\%$
运输损失率	在运输过程中发生的异常情况给快递公司造成的损失总和与快件承运总收入之比	$\dfrac{经济损失总和}{快件承运总收入}\times100\%$

4.运输安全类指标

运输安全类指标见表3-38。

表3-38　　　　　　　　　　　运输安全类指标

指标	含义	计算公式
事故频率（次/万公里）	报告期内事故次数与报告期内行驶公里数之比	$\dfrac{报告期内事故次数}{报告期内行驶公里数/10\,000}\times100\%$
安全间隔里程（万公里/次）	报告期内行驶公里数与报告期内事故次数之比	$\dfrac{报告期内行驶公里数/10\,000}{报告期内事故次数}\times100\%$

知识卡片3-10　　　　　　　　**快递车途中起火，快看有没有你的包裹**

2022年2月15日凌晨1点，一辆满载10余吨快递包裹的五桥货箱挂车，在行驶到G69银百高速重庆丰都绿豆湾大桥附近路段时突然起火，火势迅速蔓延至整个车尾。1时48分，丰都县消防救援大队接警后，立即出动4辆消防车、18名消防救援人员赶往现场处置。2时15分，消防救援人员先后抵达火灾现场，此时，失火挂车尾部仍在猛烈燃烧，火焰蹿到了车辆上方近10米的高度，挂车上方滚滚浓烟弥漫，所幸现场无人员受伤被困。到场后救援人员看到，起火挂车占据的进城方向已被高速执法人员完全管制，出城方向车辆单边放行。为尽快处置灾情，恢复车辆通行，防止车上快递堆积发生阴燃，消防救援人员使用泡沫水枪打压火势，并利用切割机将车身锯开，再使用挖掘机将快递包裹挖出。经过2个小时的紧张救援，车上的火才彻底被扑灭（如图3-30所示）。

据了解，这辆挂车是由上海开往重庆，行驶过程中，驾驶员突然发现车辆左后侧位置起火，于是立即将车停在应急车道上，拿出手提式灭火器尝试灭火，但火势却不受控制地迅速蔓延，短短10余分钟，整个货箱尾部便被火焰包围。

5时30分，该段高速恢复双向通行。目前，火灾原因还在进一步调查中。

图3-30　灭火后的挂车以及散落在地上的快件

资料来源　佚名.快递车途中起火，快看有没有你的包裹［EB/OL］.［2022-02-16］.https：//mp.weixin.qq.com/s？__biz=MzA5MTIzODU4Nw==&mid=2651693884&idx=2&sn=d3d666c6de8dcd1acd11985703c1d307&chksm=8b867ae8bcf1f3fe0c49db3ab4733ac6d9b75848445c266baf88a0298e1b0457e3279307ea80&scene=27.

想一想：请分析导致此次车辆燃烧的原因可能有哪些？为了保证快件运输过程中的安全，在出发前，应对车辆做哪些检查？

任务实施3-3

在A快递公司的运输网络中，由A市（公司所在地）发往C市的快件需经B市处理中心进行中转后再送达。目前，由A市发往C市的快件越来越多，请协助陈佳进行路由规划，如果可以开通A市到C市的直达路由，那么是选择对开直达（双向分别对向发车运输）还是单开往返（由一辆车往返运输）？公司现有3种运输车辆规格，分别是7.2m、9.6m和12.5m，请确定适合的运输车型。经过近半年的流量监控，相关数据见表3-39、表3-40。

任务实施3-3

参考答案

表3-39　　　　　　　　　　**A市和C市两个处理中心的相关数据**

距离	交通状况	连续3个月的日均业务量（件）	
1 350km	高速公路	A→C：4 950	C→A：2 350

表3-40　　　　　　　　　　**3种车型的路由能力值**

车型	7.2m	9.6m	12.5m
路由能力（件）	2 400	3 500	5 500

任务4　快件派送

【任务解析】

通过观看作业视频与进行作业演示的方式，学生们了解派送作业的要求和标准，能够规范、准确地完成派送作业，掌握智能快递柜的操作技能；能正确处理各种异常情况，优化派送次序与路线；同时，帮助学生树立起客户至上的服务意识。

【知识链接】

所谓派送，是快递服务主体将快件递送到收件人处或其指定地点并获得签收的过程（《快递服务》YZ/T 0128-2007）。派送是快递作业的末端环节，是又一次面对面地为客户服务。派送工作的好坏，直接影响着快递服务质量和客户对公司的整体评价。因此，各岗位人员应密切配合，保证快件安全、及时、准确地送达收件人。

微课3-21

快件派送的
要求与形式

一、快件派送的要求、形式与流程

（一）快件派送的要求

1.时效性

快件投递时间不应超出快递服务主体承诺的服务时限。

2.准确性

快递服务主体应将快件投递到约定的收件地址和收件人。

3.安全性

快递服务的安全性主要包括：

（1）快件不应对国家、组织、公民的安全构成危害。

（2）快递服务主体应通过各种安全措施保护快件和服务人员的安全，同时在向顾客提供服务时不应给对方造成危害。

（3）除依法配合国家安全、公安等机关的需要外，快递服务主体不应泄漏和挪用寄件人、收件人和快件的相关信息。

4.方便性

快递服务主体在设置服务场所、安排营业时间、提供上门服务等方面应便于为顾客服务。

（二）快件派送的形式

派送（投递）主要包括按名址面交和自取两种形式。

1.按名址面交

按名址面交是快递员直接与收件人联系，并将快件亲自交给收件人或其指定的代收人的派送形式，是当前最主要的派送形式。

2.自取

自取主要适用于以下三种情况：

（1）投递两次仍无法投递成功的快件，可由收件人到指定地点自取。

（2）相关政府部门（如海关、公安机关等）提出要求的，可由收件人到指定地点自取。

（3）收件地址属于尚未开通快递服务的区域，通过与寄件人协商，可采用收件人到指定地点自取的方式。

自取又分为客户到智能快递柜、无人服务站等自取和到快递服务站自取等。

快递服务站包括各类驿站（如菜鸟驿站、兔喜快递超市等）和各类代理点（如仓买、便利店等），负责接待客户自取，完成最后的派送作业。

（三）快件派送的流程

1.按名址面交的作业流程

图3-31为按名址面交的作业流程图。

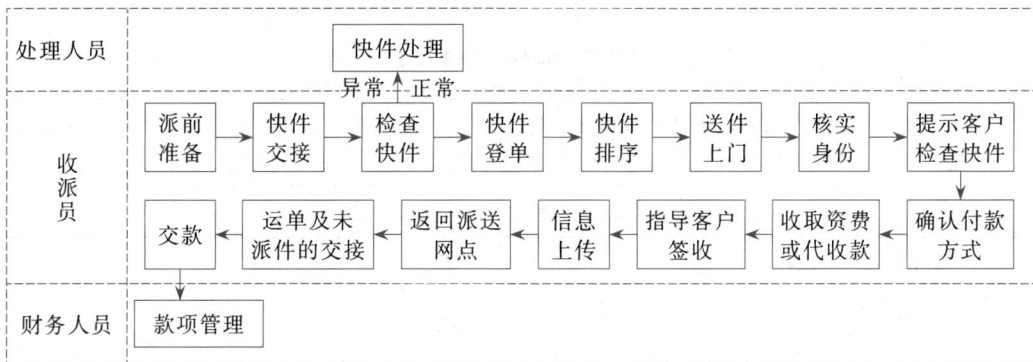

图3-31　按名址面交的作业流程图

表3-41是对各作业环节的说明。

表3-41　　　　　　　　　　　　　　按名址面交各作业环节说明

序号	流程	作业环节说明
1	派前准备	准备好需要使用的运输工具、操作设备、各式单证等
2	快件交接	领取属于自己派送段的快件，与网点处理人员当面确认
3	检查快件	逐个检查快件，如有异常，将异常快件交还处理人员
4	快件登单	通过手工或系统针对交接的快件进行派件路单的制作
5	快件排序	根据快件派送段的地理位置、交通状况、时效要求等合理安排派送路线，将快件按照派送顺序进行排序整理
6	送件上门	将快件按派送顺序合理放置在运输工具上，途中确保人身及快件安全，到达目的地后妥善放置好运输工具
7	核实身份	查看客户或客户委托人的有效身份证件
8	提示客户检查快件	将快件交给客户进行查验，如因外包装破损或其他原因客户拒收，应礼貌地做好解释工作并收回快件；同时，请客户在运单的备注栏内签名，写上拒收原因和日期
9	确认付款方式	确认到付快件的具体付款方式。客户选择现付，则按运单上的费用收取；客户选择记账，则在运单账号栏注明客户记账账号
10	收取资费或代收款	向客户收取到付资费或代收款业务的相应费用

序号	流程	作业环节说明
11	指导客户签收	请客户在运单的客户签字栏内用正楷字签名,确认快件已经派送给收件人
12	信息上传	客户签收后,立即使用扫描设备做派件扫描。如果采用电子签收方式,则请客户在扫描设备上签字
13	返回派送网点	妥善放置无法派送的快件,确保快件在运输中的安全,在规定的时间内返回网点
14	运单及未派送件的交接	清点已派送快件的运单(派件存根联)、无法派送的快件数量,核对与派送时领取的快件数量是否一致;将运单和无法派送的快件当面交给处理人员
15	交款	将当天收取的款项交给网点的相应处理人员

2. 快递柜自取的作业流程

图 3-32 是快递柜自取的作业流程。

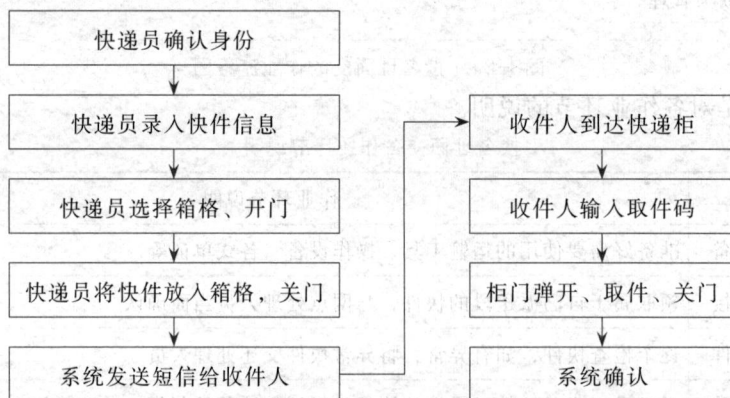

图 3-32 快递柜自取的作业流程图

网点自取流程较为简单,在此不做详解。

微课 3-22

快件准备与
快件交接

二、快件派送作业

(一)派件准备

派件准备与收件准备一样,快递员需要做好个人仪表、车辆、工具、单证等的准备工作。当前,各快递网点多采用分区负责制,快递员同时负责所辖区域的收件与派件,只有在特殊情况下(如"双 11"等购物节派件量剧增时)会采用收派分离、在派送区域设置中转站等方式。

(二)快件查验与交接

当班车到达网点,经过卸车、拆包后,先对快件进行到站扫描,与驾驶员完成交接;然后由操作员或仓管员对快件进行分拣,可以通过扫描条码或查看三段码的方式,确定负责派送的快递员;再由操作员与快递员对快件进行查验并交接。

1.快件查验的内容

（1）普通快件的查验交接：①核对快件总数。②检查交接快件。检查快件外观有无破损，检查快件有无液体渗漏、污损的情况，检查运单是否有脱落和污损情况，检查送件地点是否在派送范围内。③交接签字。在交接单上如实填写领件单号、件数和时间等，并在交接单的指定位置签字确认。

（2）保价快件的查验交接。

第一，检查快件外包装及保价封签。检查外包装与封签是否完好，有无撕毁或重新粘贴，外包装有无破损、开缝、挖洞、撬开、污染、水渍、沾湿等情况。当发现上述情况时，内件可能已丢失、损坏或被盗，或者已发生价值上的损失，应及时向相关人员反馈，该快件停止派送，等待处理结果。

第二，快件复重。操作人员与快递员共同对保价快件进行称重，如遇重量异常，应报告给主管人员，经主管人员同意，可以在有监控的情况下由二人拆开包装检查。

第三，易碎保价快件的检查。交接时，通过摇晃的方式检查快件完好性，如听到内件有异常声响，应立即向处理人员反馈。

（3）优先快件的交接。优先快件要单独交接、单独存放，保证快递员准确掌握优先快件的信息，做好优先派送的计划和准备。同时，对优先快件的运单信息进行查对，及时完成派送作业，满足时效要求。

（4）到付件、代收货款件的交接。到付件、代收货款件因涉及向收件人收取相应的款项，所以存在一定的风险。为此，很多快递企业均规定此类快件在交接时要逐票进行分类检查，在派送清单中注明应收的款项和金额，或制作专用的应收账款清单。为了避免出现错收款项的情况，在派送交接时，快递员要注意核对清单上所注明的应收账款金额与快件详情单或其他收款单据上所标金额是否一致。如有金额不符的情况，应交由处理人员核对。

2.异常快件的交接

异常快件主要是指存在运单脱落、破损，或字迹潦草、模糊不清，或收件人名址不详等情况的快件。对于这类快件，各快递公司都规定了相应的处理办法，详见表3-42。

表3-42 快件查验交接时对异常快件的处理

异常情况	处理办法
运单脱落	快件单独存放与交接，寻找运单，确认后重新粘贴；如无法找回运单，应由操作人员通过与上一环节联系、对比等方式查询运单单号及相关信息，填写快递公司专用派送证明来代替运单，再正常派送
运单破损	快件单独存放与交接，如果运单破损轻微，不影响查看信息，正常派送；如果破损严重，应由操作人员通过与上一环节联系、对比等方式查询运单单号及相关信息，填写快递公司专用派送证明来代替运单，再正常派送
运单书写潦草、模糊不清	快件单独存放与交接，由操作人员根据运单号查询相关信息，并加注在运单上，交由快递员正常派送

异常情况	处理办法
收件人名址不详	快件单独存放与交接，如有收件人或发件人电话，通过电话联系，将正确信息加注在运单上，正常派送；如果运单上无电话，或电话始终无人接听，或电话号码错误，停止派送，并交由操作人员按规定处理

微课 3-23

设计派件路线

（三）设计派件路线

在派送作业中，每一位快递员负责的派送区域称为派送段。网点根据所辖区域、快递员数量和快递业务量，将整个派送区域分为多个派送段。每个派送段可以是一栋楼、几栋楼、一个小区，或由若干道路围成的合围区域等。派送路线是指快递员在派送快件时所经过的地点或路段，按照先后顺序连接起来所形成的路线。

1. 派送路线设计的原则

（1）保证派送时效。时效是快递服务的生命线，快递员在确定派送路线或派送顺序时，必须保证快件在规定的时限内送达收件人手中。因此，快递员要特别注意天气、交通状况、与客户交接或其他突发情况（如电梯故障需要爬楼、等待客户等）对派送时效的影响。

（2）优先派送优先快件。优先快件是指因时限要求以及客户的特殊要求，需要优先安排派送的快件。其主要包括：①时限要求高的快件，如"即日达"快件优于"次日达"快件，"次日达"快件优于"定日达"快件；②客户明确要求在规定时间内送达的快件，如等通知快件，指快件到达目的地后暂不安排派送，待寄件客户发出通知后再进行派送，应保证在指定时间完成派送；③二次派送快件，应在与客户约定好的二次派送时间完成派送作业。

（3）优先派送保价快件。保价快件价值高、重要性强，一旦丢失，会给客户和快递企业带来极大损失。快递员携带保价快件时间越长，出现丢失、损毁的风险越大，因此，应在保证其他快件时效性要求的基础上，优先派送保价快件。

（4）先重后轻、先大后小。遵循先重后轻、先大后小的派送原则，可以降低车辆能耗、减少成本，并能减轻快递员的作业难度。

（5）减少车辆空驶。车辆空驶不仅会增加作业成本、降低派送时效，而且会提高遇到交通拥堵情况、事故等的概率。

（6）考虑客观实际情况。快递员应对所负责的派送段有详尽的了解，如道路分布、拥堵地点与时间，机关、企事业单位、学校、写字楼等上下班（学）时间。为保证派件顺畅，避免浪费时间，应尽可能在避开车辆与人流高峰期的时段进行派送作业。

2. 派送路线设计的方法

（1）单侧行走。它指派送快件时靠路的一侧行走。其适用于道路较宽、房屋集中、派送数量多且行人、车辆较稠密的街道。

（2）"之"字形行走。它指派送快件时沿道路两侧穿梭行走。其适用于道路狭窄，派件数量少，行人、车辆稀疏的街道。

（3）混合式行走，即单侧行走与"之"字形行走相结合的方式，适用于各段街道特点有明显不同的派送情况。

3.派送路线的基本结构

（1）辐射形路线。它指从营业网点出发，走直线或曲折线的路线。这种方法运行简单，适用于客户分散、派送路程远的情况，缺点是返程时多为空车行驶，里程利用率低。

（2）环形路线。它指快递员从营业网点出发后单向行驶，绕行一周，途中经过各派件客户所在地，再回到出发地营业网点的路线。环形路线适合商业集中区、专业批发市场等客户较为集中的派送路段路线的设计。其优点是不走重复路线，缺点为快件送到最后几位客户处的时间较长。

（3）混合型路线。它是指包含辐射形和环形两种结构形式的路线，适用于商住混合区。

（四）快件排序与装运

1.快件排序

快件排序是指快递员为安全、高效、准确地完成快件的派送，结合快件派送路线及快件时效要求，对本次需要派送的快件进行整理、排列。排序的主要方法有根据优先快件或特殊业务排序、根据快件的时效排序、根据由近及远的地址排序、根据快件大小排序等。

微课3-24

快件派送及
对异常情况
的处理

2.快件装运

快件装运，是指按照派送顺序对快件进行集装、妥善捆扎并安全装载在运输工具上。为了防止快件在装运过程中散落、遗失，快递员应用捆扎材料将快件固定为一个集装单元或固定在运输工具上。捆扎快件时，应根据快件的数量、重量、体积，结合装运快件的工具合理确定捆扎方法，派送途中确保快件不能裸露在外。

装运快件时，应按照"先派后装"的原则将快件装车，但有时为了保证快件的安全，有效利用派送车辆的空间或装载能力，也可进行一定的调整。快件装运时的注意事项详见表3-43。

表3-43　　　　　　　　　　　　　　快件装运注意事项

注意事项	说明
保证安全	要确保快递员的人身安全和快件的安全。在装运快件时，快递员必须按要求使用和佩戴劳动保护用品，在操作过程中轻拿轻放，不能拖、拽、滚动、投掷、踩踏快件，严禁野蛮装卸快件
轻重搭配	装运快件时，注意轻重搭配，保证车辆重心稳定，并将重件置于底部，轻件置于上部，避免重件压坏轻件

注意事项	说明
集中放置	遇到快件客户在同一居民区、同一单元楼、同一单位的，尽量将快件集中放置；一票多件快件要集中码放，必要时可捆扎在一起
小件集结	对于零散小件，必须集装在企业统一规定使用的快件袋、快件筐内再装车。装袋、装筐时，注意快件外包装上粘贴的标识，按标识进行正确操作，保证快件运单及标识一律朝上
合理码放	可根据车厢的尺寸、容积和快件的尺寸、特性来合理确定码放的方法。快件不能装满车厢时，按阶梯形进行码放，避免派送运输途中因车辆的颠簸引起倒堆，造成快件挤压损毁
严禁超载	装运快件时，不允许超长、超宽、超高、超重
易滚动件垂直摆放	装运易滚动的卷状、桶状快件时，要垂直摆放，以防止快件途中倒堆，造成快件自损或压损、砸坏其他快件
适当衬垫	装运易碎快件或纤维类易沾污的快件时，要进行适当衬垫，防止快件之间互相碰撞、沾污
重量分布均匀	装运快件时，重量应分布均匀，重心不能偏移，以确保快件安全和交通安全
适当稳固	装载完毕，应进行牢固捆扎或采取适当的稳固措施，以免快件遗失或倾倒

（五）快件签收

签收是指顾客（收件人）验收快件并在快递运单等有效单据上签字的行为（《快递服务》YZ/T 0128-2007）。快件签收是快递服务的最后环节，直接体现快递企业的服务水平、快递员的业务素质，以及客户对快递服务的体验与评价。快件签收的流程与作业要求将在任务实施中介绍。

（六）未派快件与款项交接

1.进行快件交接与登记

快递员回到网点后，及时将未能派送的快件与操作人员进行交接，并在未派送快件登记表上进行登记，注明未派快件单号、未派原因、拟处理意见等（见表3-44），并由操作员按相关规定跟进处理。

表 3-44　　　　　　　　　　　　未派快件登记表

日期	单号	未派原因	拟处理	签名

2.款项上交

快递员及时与网点财务人员进行到付款、代收货款等款项的交接，并做好登记。

知识卡片3-11　　　　　　　　快件到达南昌三天　快递不派送

"快递已经到了南昌，却在南昌转运中心停了3天，一直不派件。"近日，南昌一名大学生向记者反映，某快递派件速度非常慢，体验感很差。如今，网购成为一种盛行的购物方式，快递企业的配送服务影响着人们的购物体验。

反映：快件在南昌中转站停留3日不派送

2019年10月18日，在南昌上大学的小徐在网上购买了一件生活用品。当天13时某快递公司发货后，快件途经深圳转运中心、广州转运中心，于20日19时到达南昌转运中心。

小徐以为第二天能收到快件，没想到一等就是3天，直到23日下午才收到。"明明都到了南昌，快递为什么一直不派件？如果是急用物品，岂不是耽误事？"等待期间，小徐曾向快递客服反映该情况，他们回应称会进行登记并催件。

记者发现，像小徐一样遇到这类烦心事的并不在少数。9月17日，一名网友反映，"我的快递11日就到了南昌转运中心，到现在还没配送，同城快递等了6天，预计还要继续等下去。"

除了派件缓慢，该快递公司还被指出配送不合理问题。吉安的小张对该快递公司十分失望，他告诉记者，10月10日，其从吉安青原区通过该快递公司寄送一件物品前往吉安吉州区，这本是同城快件，然而快件却被发往南昌转运中心，直到10月12日才又返回到吉安。另一名网友同样不解，其表示："从西安寄到江西的快件，周转昆明，然后再送到南昌转运中心，这到底是如何操作的？"

回应：机器收拣快件时可能会漏件

10月23日，记者探访了位于南昌市红谷滩的一家快递派送站点，屋内货架上堆放了一些快件，有一名工作人员值守。针对消费者反映的派送慢问题，该工作人员表示："确实有一些客户反映，我们也希望能解决好这个问题。"但其强调，如果快件在转运中心没有发出来，派送点工作人员也没有办法配送。如果发到站点，基本上当天就可以配送完。

该站点负责人解释："机器在收拣时一些小物件可能会遗漏，大物件不会出现这个问题。"他还表示，目前，南昌转运中心正在改造，可能也会有一些影响。

对此，记者联系上了该快递公司江西分拣中心业务经理管经理，他表示："我们每天都是正常作业，出现此类情况的应该是一些异常快件，如面单掉了、地址不明显等，这类快件也有专门的处理人员。我们每天转运的快件上百万件，每天会统计滞留件，这一类占比很少。"

资料来源 作者根据网络资料整理而成。

想一想：针对上述案例中存在的派件延误问题，你有哪些好的解决建议？

三、派送异常情况的处理

（一）异常情况的类型与处理

派送异常情况的类型及处理措施，见表3-45。

表3-45　　　　　　　　　　　　　派送异常情况的处理

异常情况	处理措施
破损件与拒收件	当客户发现快件外包装破损，或因拒付到付款而拒收快件时，应首先向客户道歉，并将客户拒收、拒付的原因标注在运单上，请客户签字确认，通过手持终端上传信息，将快件做退回处理
联系不到收件人	若联系不到收件人，快递员应在彻底延误时限到达之前联系寄件人，协商处理办法和费用，主要包括： （1）寄件人放弃快件的，应在快递服务主体的放弃快件声明上签字，快递服务主体凭函处理快件 （2）寄件人需要将快件退回的，应支付退回的费用 若联系不到收件人和寄件人，除不易保存的物品外，在对快件保存至少3个月后，快递服务主体可以按照相关规定处置快件
改寄件	寄件人或收件人需要改寄地址的，应准确记录改寄地点、接收人姓名、电话等信息，发回网点重新安排派送，并告知寄件人需要承担的费用
撤回件	立即停止快件的派送作业，在运单上注明"快件撤回"字样，待返回网点后，交由操作员跟进处理，并告知需要承担的费用
因客户原因无法派送	出现首次无法投递的情况时，快递员应主动联系收件人，通知再次投递的时间及联系方式；再次仍无法投递的，可通知收件人采用自取的方式，并告知收件人自取的地点和时间；收件人仍需要快递员投递的，应告知额外费用

（二）彻底延误时限

彻底延误时限是指从快递服务主体承诺的服务时限到达之时算起，到顾客可以将快件视为丢失的时间间隔。根据快递服务的类型，彻底延误时限包括：①同城快递服务为3个日历天；②省内异地和省际快件为7个日历天。

任务实施3-4

1.进行一次快件派送作业，注意各流程的完整性与作业的规范性。

2.请分别以快递员和客户的身份，完成一次利用智能快递柜进行快件派送和取件的作业。

3.如图3-33所示，A点为营业网点，B点需要派送一票一小时内到达的快件，C点需要派送一票保价快件，D点需要派送一票普通文件类快件，E点需要派送一票重量为1kg的普通包裹，F点需要派送一票重量为12kg的普通包裹，G点需要派送代收货款为4 000元、重量为1kg的快件。到达各点所需要的时间（分钟）已在图上进行了标注。请根据快件情况，合理设计派送路线，并说明选择第一个派送点的理由。

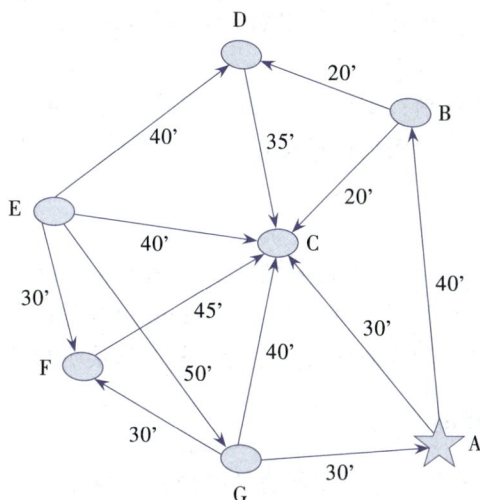

图3-33　派送路线设计

任务实施3-4

参考答案

任务5　快递客户服务

【任务解析】

通过情景模拟、角色扮演的方式，对学生进行服务客户时的规范用语的训练，使学生了解与掌握快递业对客户服务的相关标准和要求，能够提供良好的快件咨询、查询服务，并能够分析客户投诉的问题，按照有关标准正确解决或进行赔偿；同时，培养学生热情周到的服务意识，树立全心全意为客户服务的责任心。

【知识链接】

所谓客户服务，是指快递企业通过一定的方式向客户提供各类所需服务的过程。客户服务部门是快递公司的窗口，代表了公司的服务品质与形象；在为客户提供服务时，既要能解决各类问题，又要维护好与客户的关系，听取客户的反馈意见，进而改善与改进公司的服务。客户服务的内容以受理客户咨询或查询、处理投诉、进行赔偿等为主。

一、客服人员应具备的基本素质

客服人员是快递公司的形象大使，既要掌握扎实的快递专业知识，又要具备良好的服务意识，以及和客户沟通的技巧与能力等。

（一）品格素质

客服人员的品格素质包括：①忍耐与宽容；②不轻易承诺，说了就要做到；③勇于承担责任；④真诚对待每一位客户；⑤强烈的集体荣誉感。

（二）心理素质

客服人员的心理素质包括：①处变不惊的应变能力；②挫折打击的承受能力；③情绪的自我掌控和调节能力；④满负荷情感付出的支持能力；⑤积极进取、永不言败的良好心态。

（三）技能素质

客服人员的技能素质包括：①良好的语言表达能力；②丰富的行业知识和经验；③熟练的专业技能；④优雅的形体语言表达技巧；⑤思维敏捷，具备对客户心理活动的洞察力；⑥良好的人际关系和沟通能力；⑦专业的电话接听技巧；⑧良好的倾听能力。

二、受理咨询与查询

微课3-25

受理快递咨询与查询

快递公司可以通过多种途径提供客户服务，传统的方式有顾客直接到店接受服务、电话服务等，线上服务主要通过官网的"客户服务"板块（如图3-34所示）实现。随着智能手机的普及，各快递公司的App、公众号上也都能提供各类客户需要的服务，并及时将结果反馈给客户。其中，通过电话进行咨询或查询是最主要的方式；同时，电话沟通是客服人员直接与客户交流，能够更好地体现客服人员的业务素质和快递公司的服务质量。

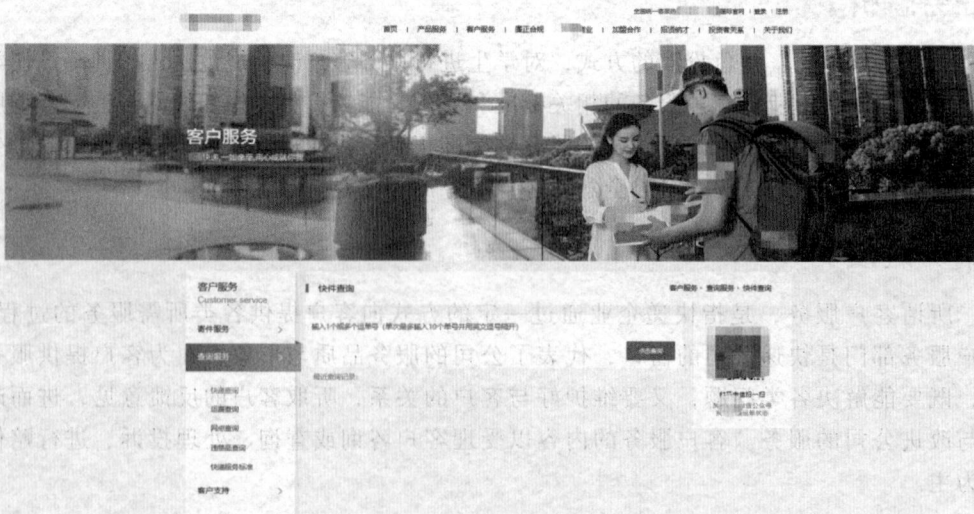

图3-34 某品牌快递公司官网客户服务界面

咨询是指客户了解快递业务的范围，包括寄递服务的覆盖区域、快递的种类限制与包装要求、费用标准及有关事项等。查询是指已经下单的客户了解快件的寄递情况，查询内容包括快件当前所处服务环节及所在位置。

（一）咨询与查询的内容

客户进行快递咨询与查询的主要内容详见表3-46。

表3-46　　　　　　　　　　　快递咨询与查询的主要内容

类别	内容分类	具体内容
咨询	服务范围	快递公司网络覆盖区域以及各类业务的覆盖区域
	业务范围	普通快递、到付快递、当日达、次日达、定日达、代收货款等
	寄递时效	从寄件人寄出快件到收件人收到快件所需要的时间
	寄递费用	根据寄递物品的重量、规格以及采取的寄递方式所需的费用
	寄递物品和包装	哪些物品可以采取何种方式进行寄递，对包装有什么要求
查询	快件所处服务环节	快件在快递员收取后、收件人收件前，处于物流转运的哪个环节
	快件所处的位置	快件具体所在的地点
	快件预计到达时间	快件到达和派送的具体时间
	快递员电话	因一些特殊需求，客户需要与快递员直接沟通，需要获得该快递员的电话号码

（二）提供咨询与查询服务的要求与规范

1.服务要求

（1）礼貌。客服人员要用礼貌、规范的语言与客户进行沟通，态度温和、热情周到。

（2）专业。客服人员提供的服务要专业、准确，避免误导客户。

（3）及时。客服人员应及时对客户的咨询或查询的问题进行答复，如无法当场答复，应做好记录，并在规定的时限内将结果反馈给客户。

对于利用互联网不能查找的快件，客户进行电话查询时，客服人员应在30分钟内告知客户，查询信息有效期应为快递服务主体收寄快件之日起1年内。

2.提供咨询与查询服务时的规范用语

客服人员上岗前，应对其进行礼貌用语方面的培训，考核通过后方可上岗。客服人员规范用语见表3-47、表3-48。

表 3-47 快递咨询电话接听规范用语

场合	规范用语	
接听电话	您好！欢迎致电××快递，工号××为您服务，请问有什么可以帮您	
	服务范围	您好！我公司暂时不在××地区提供服务，非常抱歉，您可以关注一下其他公司
		好的，我这边帮您查询一下，公司暂时不在××地区提供服务，非常抱歉，您还可以关注一下我们公司的其他产品（例如，××也可以满足您的需要）
	业务范围	您好！公司暂不提供××服务，我们会记录下您的宝贵意见
		您好！我公司提供这项业务，请问您需要具体了解哪些信息
	寄递时效	您好！在正常情况下，寄达时间为××天
	寄递费用	您好！我们的收费标准是××元，您可以作为参考，但具体要以我们快递员上门后，根据您的物品的实际重量或尺寸最终确定
	寄递物品和包装	您好！邮政管理局有明确规定，您的物品只能通过空运/汽运寄递
		您好！公司可以提供包装服务，但需要您支付一定的物料费用
挂断电话	请问还有什么可以帮您的？好的，谢谢您的来电，再见	
	再次感谢您的来电，祝您生活愉快，再见	

表 3-48 快递查询电话接听规范用语

场合	规范用语	
接听电话	您好！欢迎致电××快递，工号××为您服务，请问有什么可以帮您	
	普通查询	您好！请提供一下需要查询快件的单号
		好的，请稍等
		感谢您的等待，您所查询的快件正在由××发往××的途中/已经到达××，请问还有什么可以帮您的
		感谢您的等待，您的快件预计会在××天后到达，请您保持电话畅通，快递员会及时与您联系
		您是需要更改收件地址吗？请提供您的姓名、电话、身份证号，以及需要改寄的详细地址
	异常查询	感谢您的等待，非常抱歉，由于××的原因，您的快件暂时滞留在××，公司正在加紧作业，尽快将您的快件送到，谢谢您的理解与配合
		感谢您的等待，您的快件因为××原因被航空公司扣留，公司正在加紧协调处理，希望您理解
		感谢您的等待，物流显示您的快件已经在派件中，我这边已经做好记录，站点会尽快安排派件，给您带来的不便请您谅解
挂断电话	请问还有什么可以帮您的？好的，谢谢您的来电，再见	
	再次感谢您的来电，祝您生活愉快，再见	

知识卡片3-12　🔲　快递客服出售用户隐私信息获利24万：夫妻合伙 均已判刑

几乎所有人都有过隐私被泄露的遭遇，其实不少都是"内鬼"干的。

2022年11月23日，最高人民检察院通报多起典型案例，其中"江苏王某涛、董某婷侵犯公民个人信息案"值得关注。

根据案情通报，2021年5—7月，被告人王某涛在某快递公司工作期间，利用担任快递客服的工作便利，单独或者伙同其妻子被告人董某婷，通过公司系统查询收集大量寄递用户的个人信息，向他人出售，非法获利24万余元。

经审查，被非法出售的公民信息含有姓名、地址、电话号码，买家购买信息系用于推销产品，故信息类型属于普通公民个人信息。

因被告人王某涛微信发送给买家的公民个人信息未能被全部提取，检察机关引导公安机关确立以违法所得认定犯罪的思路，及时调取转账记录，固定犯罪证据。

2022年5月30日，公安机关以王某涛、董某婷涉嫌侵犯公民个人信息罪将其移送审查起诉。

6月30日，江苏省如皋市人民检察院以被告人王某涛、董某婷涉嫌侵犯公民个人信息罪对其提起公诉，并提起刑事附带民事公益诉讼，要求二人承担24万余元的公益诉讼赔偿金。

庭审前，二人自愿缴纳了公益诉讼赔偿金，如皋市人民检察院撤回附带民事公益诉讼的起诉。

8月30日，如皋市人民法院以侵犯公民个人信息罪判处被告人王某涛有期徒刑三年三个月，并处罚金20万元；以侵犯公民个人信息罪判处被告人董某婷有期徒刑二年，缓刑二年六个月，并处罚金5万元。

该判决已生效。

资料来源 佚名.快递客服出售用户隐私信息 获利24万：夫妻合伙 均已判刑［EB/OL］.［2022-11-24］.https://www.donews.com/news/detail/4/3271559.html.

想一想：快递公司应如何加强对客服人员的教育与管理，杜绝此类案件的再次发生？

三、处理快递投诉

投诉是指用户对快递服务主体提供的服务不满意，向快递服务主体或消协组织提出请求调解处理的行为（《快递服务》GB/T 27917-2023）。

（一）投诉的内容

快递投诉的主要内容见表3-49。

微课3-26

处理快递投诉

表 3-49   快递投诉的主要内容

内容分类	具体内容
服务态度	快递服务各环节与收件人、寄件人有直接联系的相关人员在语言、肢体等方面的态度不当
快件丢失	快件在寄递过程中丢失
快件损毁	快件在寄递过程中出现损坏
寄递延误	快件邮寄和投递的时效，如派送不及时、快件延误等
内件不符	内件与寄件人填写的品名不符，或重量、数量不对

（二）处理投诉的要求与规范用语

1.服务要求

（1）从客户的角度考虑问题。这是做好客户服务工作特别是做好投诉处理工作的基础，要设身处地地为客户着想，不偏不倚，不急于解释，不急于为本公司开脱责任。

（2）注意倾听。客服人员要注意与客户沟通的技巧，要做到态度平和，语气平缓，尽量安抚好客户的情绪，引导客户客观、准确地陈述事情经过；在对话过程中，要以客户为主，客服人员要注意倾听，并适当辅以"嗯""好的""知道了"等简单语言进行回应，绝对避免在客户情绪激动时进行回怼。

（3）准确记录。对于客户投诉的问题，后续需要进行核实，确定解决方案，因此，准确、客观地记录客户反映的问题尤为重要。客服人员应及时在受理平台上记录事情经过和相关细节，可通过复述的方式与客户进行确认；受理投诉后，及时将问题转交责任部门或上报主管。

（4）及时反馈，注意时效。公司应对投诉信息进行核实与分析，提出解决方案，按服务承诺及时处理，并在处理时限内将处理结果告知投诉人；如投诉人对结果不满意，应告知其他可采取的处理方式。快递服务主体受理投诉的有效期应为收寄快件之日起1年内。

知识卡片3-13   投诉有效期与投诉处理时限

快递服务主体受理投诉的有效期应为收寄快件之日起1年内。处理时限指快递服务主体自受理用户投诉之时起到完成用户投诉处理的时间间隔。

国内快递服务投诉处理时限应不超过7个日历天，符合赔偿条件的，快递服务主体应予以赔偿，与投诉人有特殊约定的除外。

想一想：《快递服务》系列国家标准中为什么要设立"投诉处理时限"这个规定？

2.处理投诉时的规范用语

客户投诉时，经常会出现情绪激动、言辞犀利的情况，甚至具有一定的攻击性，因此，客服人员一定要保持良好的心态，使用规范的礼貌用语，安抚客户的情绪。规范用语见表3-50。

表3-50　　　　　　　　　　处理投诉时的电话接听规范用语

场合	规范用语	
接听电话	您好！欢迎致电××快递，工号××为您服务，请问有什么可以帮您	
	服务态度	您好！请告诉我您的姓名、电话、地址
		您好！请您简单描述一下当时的情景
		您好！请问您希望公司做出怎样的处理
	快件丢失/损毁/延误/内件不符	您好！请您提供运单号，或者快件的照片，以便我们及时查证
		您好！请问在收件时，我们的快递员是否提醒您先验收再签字
		您好！请问您的快件是否有保价
挂断电话	您的投诉我已经记录下来了，我首先代表公司给您道歉，我们会尽快核实与处理	
	请问还有什么可以帮您的？好的，谢谢您的来电，请保持电话畅通，我们会及时向您反馈处理结果，再见	
	再次感谢您的来电，祝您生活愉快，再见	

四、进行赔偿

（一）进行赔偿的要求与规范用语

1.赔偿的要求

（1）及时。公司通过调查核实，如确定客户反映的问题符合赔偿规定，应尽快将赔偿方案与额度向客户通报；客户如无异议，应尽快落实赔偿，弥补客户的损失。

微课3-27

对快递客户进行赔偿

（2）认真沟通，做好解释工作。客服人员应就赔偿方案向客户做好解释工作，包括责任认定、主管机关对赔偿的相关规定、赔偿额度、赔偿完成的时限等，并再一次向客户表达歉意。

（3）有理有据，不卑不亢。对于客户提出的过分或不合理赔偿要求，要态度鲜明，立场坚定，敢于拒绝，但也要尽量做好解释工作。

（4）认真反思，提高作业与服务质量。客户的投诉与索赔是快递公司了解客户需求与意见的重要途径，公司应认真总结与反思，查找自身存在的问题和不足，不断加以改进，提高快递作业与服务质量。

2.进行赔偿时的规范用语（见表3-51）

表3-51　　　　　　　　　　进行赔偿时的电话规范用语

场合	规范用语	
拨出电话	您好！请问是××先生/女士吗？我是××快递公司工号××客服人员，请问现在您方便吗	
	您好！请问是××先生/女士吗？我是××快递公司工号××客服人员，关于您之前投诉的××问题想和您沟通一下，请问您有时间吗	
	延误/丢失/损毁/内件不符	您好！关于上次您来电反映的问题，经过我们核实，情况属实，我们将按照快件延误/丢失/损毁/内件不符对您进行赔偿
		您好！关于对您的赔偿，国家相关标准是这样规定的……
		您好！我们公司对您的赔偿方案是……
挂断电话	对于这个赔偿方案，您是否满意？如果仍有异议，您可以通过××途径进行反映，再一次对给您造成的损失与不便表示歉意	
	谢谢您的理解与支持，我们将尽快落实赔偿，再一次对给您造成的损失与不便表示歉意。我们会认真进行总结，不断提高服务质量，希望您能继续信任与选择本公司，期待您的再次光顾，再见	

（二）赔偿的基本原则

按《快递服务》（GB/T 27917-2023）的规定，快递服务主体与顾客之间有约定的，应从其约定；没有约定的，可按以下原则执行：

1.快件延误

快件延误赔偿应主要包括：①免除本次服务费用（不含保价等附加费用）；②由于延误导致内件直接价值丧失，应按照快件丢失或损毁进行赔偿。

2.快件丢失

快件丢失赔偿应主要包括：①免除本次服务费用（不含保价等附加费用）；②购买保价的快件，快递服务主体按照被保价金额进行赔偿；③对于没有购买保价的快件，按照相关民事法律、法规赔偿。

3.快件损毁

快件损毁赔偿应主要包括：①完全损毁，指快件价值完全丧失，参照快件丢失赔偿的规定执行；②部分损毁，指快件价值部分丧失，依据快件丧失价值占总价值的比例，按照快件丢失赔偿额度的相同比例进行赔偿。

4.内件不符

内件不符赔偿应主要包括：①内件品名与寄件人填写的品名不符，按照完全损毁赔偿；②内件品名相同，数量和重量不符，按照部分损毁赔偿。

快递服务主体应在收到寄件人的正式索赔申告后24小时内答复寄件人，并告知寄件人索赔处理时限。

任务实施3-5

1.学生两人为一组进行情景模拟，一名学生模拟客户进行投诉，一名学生模拟客服人员受理投诉。

2.客户赵先生于2025年4月20日通过A市某快递公司寄递一票快件（快递单号×××××××××，未保价）到外省的B市，但直到5月10日客户投诉时收件人都没有收到快件，赵先生多次联系A市该快递公司，催促其尽快送件，但一直未得到答复，现赵先生向公司总部进行投诉，请对此进行分析并处理。

3.客户付先生于2024年10月12日通过A市某快递公司快递一台笔记本电脑到B市（快递单号×××××××××，未保价，运费80元），收件人为刘女士。快递员派件时，将其存放在快递柜中。当10月15日刘女士收到电脑后，发现笔记本屏幕已破损，经与付先生沟通后确认发件时电脑完好，刘女士多次联系B市快递网点，协商未果。10月24日，刘女士向公司总部进行投诉，请对此进行分析并处理。

项目小结

本项目基于快递作业的收寄、处理、运输、派送四大环节，分别阐述了各个环节的作业流程、作业要点与操作要求，并介绍了各种异常情况的处理方法；同时，围绕客户服务中的咨询、查询、投诉和理赔等业务进行了阐述，旨在全面提升学生的快递作业与管理质量，增强客户服务意识与技能。

项目练习

一、填空题

随堂测3

1.香烟属于限寄物品，一次快递香烟的数量不得超过＿＿＿＿＿。

2.＿＿＿＿＿是指按快件的特点，对于易碎、保价、自取、陆运、航空等快件，在包装上用粘纸、图形或文字的形式标明，用来指示运输、装卸、处理人员在作业时需要注意的事项，以保证快件的安全。

3.在航空运输中，普通货是指每千克货物的体积小于＿＿＿＿＿cm^3的快件。

4.在非航空运输中，轻泡货是指每千克货物的体积大于＿＿＿＿＿cm^3的快件。

5.快件总包的重量不宜超过＿＿＿＿＿kg。

6.在快件分拣时要文明作业，不应野蛮操作，快件分拣脱手时，离摆放快件的接触面的距离不应超过＿＿＿＿＿cm。

7.彻底延误时限是指从快递服务主体承诺的服务时限到达之时算起到＿＿＿＿＿的时间间隔。

8.《中华人民共和国邮政法》规定，未保价的给据邮件丢失、损毁或者内件短少的，按照实际损失赔偿，但最高赔偿额不超过所收取资费的_____。

二、单项选择题

1.一般情况下，文件类快件适于用（   ）进行包装。

A.封套　　　　　　B.包装箱　　　　　C.塑料袋　　　　　D.包装袋

2.在测量快件的重量与尺寸时，通常采用（   ）的计数方法。

A.去尾取整　　　　B.进一取整　　　　C.四舍五入　　　　D.无固定方法

3.某快递公司采用"首重续重法"的计费方法，今有一票航空快件，尺寸为60cm×50cm×20cm，实际重量为8.2kg，首重费用5元，续重标准为2元/kg，则其运费为（   ）元。

A.20　　　　　　　B.21　　　　　　　C.22　　　　　　　D.23

4.车辆到达处理中心后，接收操作人员应先检查（   ）是否完好。

A.封志　　　　　　B.签名　　　　　　C.锁头　　　　　　D.包装

5.混装在一个容器内，同一路由、同一种类的快件的集合称为（   ）。

A.直封　　　　　　B.散包　　　　　　C.快件包装　　　　D.总包

6.在进行路由分析时，因受路况、通行环境等的影响，根据空间距离进行的分析并不可靠，需要将两个节点之间的空间距离转化为（   ）。

A.长度　　　　　　B.距离　　　　　　C.时间距离　　　　D.费用

7.一般快递公司均规定，城市之间的距离超过（   ）公里时，原则上必须通过高速公路进行运输。

A.100　　　　　　 B.200　　　　　　 C.300　　　　　　 D.400

8.如果快递员投递（   ）仍无法投递成功，可由收件人到指定地点自取。

A.2次　　　　　　 B.3次　　　　　　 C.4次　　　　　　 D.5次

9.（   ）是指顾客（收件人）验收快件并在快递运单等有效单据上签字的行为。

A.收件　　　　　　B.签收　　　　　　C.派件　　　　　　D.交接

10.快递服务主体受理投诉的有效期应为收寄快件之日起（   ）内。

A.3个月　　　　　 B.6个月　　　　　 C.9个月　　　　　 D.1年

三、多项选择题

1.快递员在收寄快件时，要严格执行三项安全制度，包括（   ）。

A.过机安检　　　　B.收寄验视　　　　C.实名收寄　　　　D.开箱检查

2.按《快递服务》（GB/T 27917-2023）的规定，封装材料主要有（   ）。

A.封套　　　　　　B.包装箱　　　　　C.塑料袋　　　　　D.包装袋

3.快递运单的主要内容有（   ）。

A.快件信息　　　　B.快件编号　　　　C.收件人信息　　　D.寄件人信息

4.车辆封志的种类包括（   ）。

A.实物封志　　　　B.签名封志　　　　C.盖章封志　　　　D.信息封志

5.总包在码放时要做到（　　　　）。

A.上重下轻　　　　B.重不压轻　　　　C.大不压小　　　　D.上大下小

6.如果某路由表中产品栏显示"3D12"，则代表（　　　　）。

A.从收寄快件到派送到收件人手中，一共需要3天（包括运输时间）

B.从收寄快件到派送到收件人手中，一共需要3天（不包括运输时间）

C.在第3天的中午12：00前完成派送

D.在第3天的夜间12：00前完成派送

7.如果要开通两地间的对直达路由，需要同时满足的条件有（　　　　）。

A.双向业务量的和达到或超过路由能力的130%

B.任何单向业务量均需达到或超过路由能力的50%

C.双向业务量的和达到或超过路由能力的150%

D.任何单向业务量均需达到或超过路由能力的60%

8.在确定派送顺序时，要保证优先派送时限要求高的快件，下列对派送顺序的表述，正确的有（　　　　）。

A."次日达"快件优于"即日达"快件

B."定日达"快件优于"次日达"快件

C."即日达"快件优于"次日达"快件

D."次日达"快件优于"定日达"快件

9.关于彻底延误时限，下列说法正确的有（　　　　）。

A.同城快件为3个日历天　　　　B.国内异地快件为7个日历天

C.港澳地区快件为7个日历天　　D.台湾地区快件为10个日历天

10.咨询是指客户了解快递业务的范围，包括（　　　　）等。

A.寄递服务的覆盖区域　　　　B.快递的种类限制

C.包装要求　　　　D.费用标准

四、判断题

1.快递员在驾车时，必须随身携带驾驶证、行驶证。　　　　　　　　　（　　）

2.如果寄件客户不配合对快件进行验视，快递员可以拒收。　　　　　（　　）

3.保险快件是指客户向快递企业申明快件价值，快递企业和客户之间协商约定由寄件人承担基础资费之外的保价费用的快件。　　　　　　　　　　　　（　　）

4.为了适应个别客户的书写习惯，在填写运单时，可以使用繁体汉字。　（　　）

5.在车辆到达处理中心后，接收人员应尽快打开车门对快递进行处理。　（　　）

6.委托运输也称为契约运输，是指快递企业并不从事实际的运输业务，而是将其外包。　　　　　　　　　　　　　　　　　　　　　　　　　　　　（　　）

7.实际运输中，按照标准路由运送的快件数与总件数之比称为运输延误率。（　　）

8.为了提高派件的效率，快递员可不经过客户同意，直接将快件放入快递柜，将取件码通知收件人即可。　　　　　　　　　　　　　　　　　　　　（　　）

9.派件前的装车环节，应按照"先派先装"的原则进行。　　　　　　　　　（　　）

10.如果由于延误导致内件直接价值丧失，应按照快件丢失或损毁的标准对客户进行赔偿。　　　　　　　　　　　　　　　　　　　　　　　　　　　　　　　（　　）

参考文献

［1］周祺，邱学林，张润卓．快递业务操作实务［M］．北京：中国财富出版社，2020.

［2］王铁牛．快递业务操作［M］．北京：机械工业出版社，2019.

［3］邓金蕾．快递实务［M］．武汉：武汉大学出版社，2016.

［4］郑克俊．快递运营［M］．北京：清华大学出版社，2020.

［5］王阳军．快递业务操作与管理［M］．北京：化学工业出版社，2020.

［6］刘万军．快递实务［M］．北京：中国财政经济出版社，2015.

［7］林秋意．快递运营管理工作页［M］．北京：机械工业出版社，2022.

［8］国邮创展（北京）人力资源服务有限公司．快递运营职业技能等级认定培训教材［M］．南京：江苏凤凰教育出版社，2020.

［9］国家邮政局．快递业务操作与管理［M］．北京：人民交通出版社，2011.

［10］闫靖，陈丽．快递管理实务［M］．2版.北京：北京航空航天大学出版社，2021.

［11］花永剑．快递公司物流运营实务［M］．2版.北京：清华大学出版社，2017.

［12］国家邮政局职业技能鉴定指导中心．快递员职业技能等级认定培训教材［M］．北京：人民交通出版社，2021.

［13］国家邮政局职业技能鉴定指导中心．快件处理员职业技能等级认定培训教材［M］．北京：人民交通出版社，2021.